中国社会科学院中国边疆史地研究中心　**厉声　主编**

当代中国边疆·民族地区典型百村调查：**西藏卷（第一辑）**

分卷主编：**倪邦贵　孙宏年**

门地22村村民贫困家庭居住情况 （2007年8月1日 王雪锋摄）

门地22村居住环境 （2007年7月31日 王雪锋摄）

1991—1995年法制宣传教育先进单位（2007年7月31日 王雪锋摄）

门地22村安居工程（2007年7月31日 王雪锋摄）

那曲门地22村草原风光 （2007年8月19日 王雪锋摄）

那曲门地22村旅游业 （2007年8月1日 王雪锋摄）

那曲门地22村旅游业帐篷 （2007年8月1日 王雪锋摄）

那曲镇门地22村饮水设备 （2007年8月1日 王雪锋摄）

那曲火车站场景 （2007年8月4日 王雪锋摄）

臧绵羊养殖 （2007年7月31日 王雪锋摄）

那曲镇赛马节场景 （2007年11月20日 王雪锋摄）

那曲镇赛马节一角 （2007年11月20日 王雪锋摄）

转经筒 （2007年7月31日 王雪锋摄）

那曲镇门地22村先进集体称号 （2007年7月31日 王雪锋摄）

畜牧业场景 （2007年7月31日 王雪锋摄）

自然风光 （2007年7月29日 王雪锋摄）

中国社会科学院中国边疆史地研究中心 厉 声 主编

当代中国边疆·民族地区典型百村调查·西藏卷（第一辑）

天路带来吉祥

——西藏那曲地区那曲县那曲镇门地22村调查报告

杨本锋 唐文武 王雪锋◎著

社会科学文献出版社

SOCIAL SCIENCES ACADEMIC PRESS (CHINA)

"当代中国边疆·民族地区典型百村调查"

总　序

  深入实际、开展国情调研，是中国社会科学院肩负的重要科研任务，也是中国社会科学院履行好党中央、国务院赋予的"思想库"、"智囊团"职能的重要方式。中国边疆省区占国土面积的 60% 以上，边疆区情及当地的民族社会调研（边疆调研）是中国国情调研的重要组成部分。正如一位边疆工作者所说：不了解少数民族，就不了解中华民族；不了解边疆，就不了解中国。1983年中国社会科学院中国边疆史地研究中心建立后，特别是 1990 年以来，一直将边疆调研作为学科研究的重点之一。

  2004 年，中国边疆史地研究中心承担国家哲学与社会科学基金特别项目"新疆历史与现状综合研究"（简称"新疆项目"）。2006 年，中国边疆史地研究中心牵头，立项开展"当代中国边疆·民族地区典型百村调查"（简称"百村调查"），作为此特别项目的子课题。"百村调查"以新疆为重点，在全国新疆、西藏、内蒙、宁夏、广西五个民族自治区和云南、吉林、黑龙江三省基层地区同时开展，共调查 100 个边疆基层村落。调查工作在"新疆项目"领导小组和专家委员会指导下，由"百村调查"专家委员会暨编委会组织实施。在中国边疆史地研究中心主持拟定的调查大纲框架下，发挥每个省区的优势，体现各自的特色。

本项目的实施得到了边疆地区各级地方党政部门的支持。首先，调查工作注意与地方党政部门的相关工作衔接、听取意见，在实施调查之前，主动向各级党政部门汇报情况，听取指示和意见。其次，调查组主动让各级党政部门了解调研的全过程，在调研过程中出现问题时及时向相关党政部门请示。再次，调研阶段成果和最终成果的副本同时提供地方党政部门参考。

"百村调查"的调研主题是：改革开放30年来中国边疆基层村落的民族社会和经济发展的历史与现状。具体内容包括：乡村概况、基层组织、经济发展、社会生活、民族、宗教、文教卫生、民俗风情等。项目调研的时间是：2007～2008年（资料下限至2007年底或适当延长）。

"百村调查"的调研对象为：100个具有典型意义与特色的中国边疆基层村落。课题以基层乡、村两级为调查基点，大致每个省区选择2个地州，每个地州选择1～2个县，每个县选择2个乡，每个乡选择2个村。新疆共调查22个村，其他地区均为13个村（辽宁、吉林、黑龙江以东北边疆为单元，共调查13个村）。调查点的选择要求：

（1）本地区社会稳定与经济发展中具有典型意义的基层乡和村。

（2）存在边疆现实政治、社会或经济发展的热点、难点问题。

（3）与 20 世纪 50 年代全国边疆民族调查能有一定的衔接。

"百村调查"采取学术调查与现实政治相结合的方法，以社会人类学入村入户调研方法为主，同时关注现实政治、社会与经济发展中的热点、难点问题：一般共性调查与专题专访调查相结合，在一般综合性调查的基础上，选择好专访或专题调研的"切入点"——总结经验与完善不足相结合，在总结各项工作经验的同时，善于发现问题和提出解决问题的对策与建议。调研注重入户访谈和小范围座谈的专访调查。在一般性问卷和统计资料收集的基础上，注重对基层干部、群众典型、教师、宗教人士等特定人员的专题访谈，倾听和收集他们对基层社会稳定与经济发展的看法、意见和建议，形成能说明问题的专访或专题调研报告。

"百村调查"的成果形式分为调查综合报告与专题报告两大类。

（1）调查综合报告：依据大纲规定，撰写有关乡村经济社会等发展状况的综合报告，课题结项后分期公开出版。专题报告及调查资料可以公开发表的，在篇幅允许的情况下，作为附录附在综合报告末尾。

（2）专题报告：内容较敏感、不适宜公开出版的专题报告，集成《专题报告集》，内部刊印。

"百村调查"主编　厉声　谨识
2009 年 8 月 25 日

目 录
CONTENTS

1

图目录
FIGURE CONTENTS

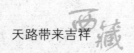

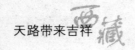

表目录
TABLE CONTENTS

序 言
FOREWORD

中华人民共和国成立 60 年来，特别是西藏和平解放以来，在 120 多万平方公里的雪域高原上发生了翻天覆地的历史巨变，百万农奴翻身得解放，成为人类发展史上的里程碑，经济社会发展的成就举世瞩目；农村在变，牧区在变，城市也在变，西藏广大农牧民的生活今非昔比，农牧民的观念同样也发生了值得关注的变化。面对如此巨大的变化，今天的我们怎样才能为后人留下这一瞬间，留住它们的轨迹？作为有历史感、责任感的学人，怎样才能完成我们这一代人的这一历史责任？由中国社会科学院中国边疆史地研究中心主持的国家社科基金特别项目"当代中国边疆·民族地区典型百村调查"（以下简称"百村调查"），便是中国一批学者立足调研，探求中国边疆民族地区乡村巨变的求索和努力！

我们开展这个项目的初衷是对西藏乡村巨变以及经济社会发展进行全面的反映，特别是对西藏和平解放以来翻天覆地的巨大变化做一次现场实录，但随着中华人民共和国成立 60 周年、西藏和平解放 60 周年的到来，为了尽一个学人的历史责任，我们的目的也就定位在为中华人民共和国成立 60 周年、西藏和平解放 60 周年献礼！同时，这一工作也着力反映了西藏半个多世纪以来特别是 21 世纪以来经

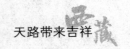
济社会发展的巨大成就，为西藏在中国共产党的领导下走
有中国特色西藏特点发展路子提供了大量的科学依据与前
期研究成果资料，为维护西藏社会局势的稳定提供了强有
力的证据。我们就积极地承担并完成这一重大课题的调研，
调研的对象自然是西藏自治区。

一　西藏自治区基本情况

西藏自治区位于北纬 26°50′~36°53′，东经 78°25′~
99°06′。北界昆仑山、唐古拉山与新疆维吾尔自治区和青海
省毗邻，东隔金沙江与四川省相望，东南与云南省相连，
南与缅甸、印度、不丹、尼泊尔等国接壤，面积 120 多万平
方公里，仅次于新疆，居全国第二位。

西藏自治区山川秀美，气候独特，土地富饶。西藏高
原平均海拔 4000 米以上，构成"世界屋脊"——青藏高原
的主体。境内绵亘着众多巨大的山脉，东西走向的喜马拉
雅山、冈底斯—念青唐古拉山、喀喇昆仑—唐古拉山、昆
仑山四大山脉，横亘于高原的南侧、中部和北缘，属于横
断山脉系列的伯舒拉岭、他念他翁山和芒康山则南北平行
而下，蜿蜒于西藏东南，从而将西藏地区分割为四个相对
的自然区域，即藏北高原、藏南谷地、藏东高山峡谷和喜
马拉雅山地。境内海拔 7000 米以上的高峰有 50 多座，其中
海拔在 8000 米以上的有 11 座，喜马拉雅山中段的中尼边界
上的珠穆朗玛峰，海拔 8844.43 米，为世界第一高峰。高大
山脉是构成高原地貌的骨架，也是古代冰川发育的中心，
海拔 5000 米以上的山峰大多终年积雪，冰川广泛发育，是
河川径流水的主要来源。境内江河、湖泊众多，外流江河
有位于南部的雅鲁藏布江，从西至东流经全区，主要支流

有年楚河、拉萨河、尼洋河，习惯称"一江三河"，是西藏主要农区，东部有金沙江、澜沧江、怒江，西部有象泉河、狮泉河等。内流河主要分布在怒江上游分水岭以西的冈底斯山、念青唐古拉山的藏北高原和雅鲁藏布江上游分水岭及喜马拉雅山以北地带，年流量仅占江河径流量的 8% 左右，而外流域面积占了西藏自治区的 51%。西藏还是中国湖泊最多的地区，大小湖泊约有 1500 多个，其中面积大于 200 平方公里的湖泊有 24 个，约占全国湖泊面积的 1/3。

早在四五万年前，西藏地区就已有古人类活动，他们披荆斩棘，同大自然进行长期斗争，并繁衍生息，成为这片高原的最早开发者。藏族著名典籍《贤者喜宴》对此做了形象的描述："食用果实变成人，采集树叶当衣衫，如同野兽居森林，好象珞（巴）、门（巴）遍西藏。"考古工作者的发现和发掘表明，西藏地区的先民先后经过了旧石器、新石器和铜石并用等时期，各个时期都与内地同时期的文化遗存有着密切的联系。新石器晚期，他们由蒙昧走向文明，由氏族、部落发展为部落联盟，又建立了蕃、象雄、苏毗等奴隶制邦国。公元 7 世纪初，蕃国第三十二代赞普松赞干布，以其卓越的政治远见和军事才能，完成统一大业，在西藏高原上建立了奴隶制的吐蕃王朝。到 9 世纪中叶，吐蕃在奴隶和平民大起义的冲击下土崩瓦解，在其本土逐渐形成许多割据政权，10～13 世纪前半叶逐步完成了奴隶制向封建制的过渡。13 世纪中叶，西藏成为中央政府直接治理下的一个行政区域。此后，中国经历了元朝、明朝、清朝和中华民国的兴替，多次更换中央政权，但西藏一直处于中央政权的管辖之下。

1949 年 10 月 1 日，中华人民共和国成立，此时的西藏处于比欧洲中世纪还要黑暗、落后的政教合一的封建农奴制社会中，占西藏总人口不足5%的农奴主占有西藏绝大部分生产资料，垄断着西藏的物质和精神财富，而占人口95%以上的农奴和奴隶没有生产资料和人身自由，遭受着极其残酷的压迫和剥削，挣扎在极端贫困的悲惨境地中，毫无权利可言。1951年，中央人民政府与西藏地方政府签订《关于和平解放西藏办法的协议》（简称《十七条协议》），使西藏摆脱了帝国主义侵略势力的羁绊，实现和平解放，为西藏与全国一起实现共同进步与发展创造了基本前提。《十七条协议》强调"西藏地方政府应自动进行改革"，但考虑到西藏的特殊情况，中央人民政府对改革采取了十分慎重的态度，以极大的耐心、宽容和诚意，劝说、等待西藏地方上层统治集团主动进行改革。但是，在帝国主义势力策动支持下，西藏地方上层统治集团的一些人面对人民日益高涨的民主改革要求，根本反对改革，顽固坚持"长期不改，永远不改"，企图永远保持政教合一的封建农奴制度，并于1959年3月10日悍然发动了全面武装叛乱。在这种情况下，为维护国家的统一和西藏人民的根本利益，中央人民政府与西藏人民一道坚决平息了武装叛乱。与此同时，在西藏掀起了一场轰轰烈烈的群众性民主改革运动，废除了政教合一的封建农奴制度，解放了百万农奴和奴隶，开创了西藏人民当家做主的新时代。

半个世纪以来，西藏各族人民在中央人民政府的关心和全国人民的支持下，以主人翁的姿态和空前的热情投身建设新社会、创造新生活的伟大进程中，创造了一个又一个西藏历史上亘古未有的奇迹。西藏的社会制度实现了跨越式发展，现代化建设日新月异、突飞猛进，社会面貌发生了翻天覆地的历史性变化。作为西藏历史巨变的一部分，农村、牧区的变迁和广大农牧民生产、生活和观念的变化尤其值得重视。

首先，土地改革废除封建农奴主的土地所有制，使农奴和奴隶成为土地的主人。1959 年 9 月 21 日，西藏自治区筹备委员会通过《关于废除封建农奴主土地所有制实行农民的土地所有制的决议》，决定对参加叛乱的农奴主的土地和其他生产资料一律没收，分配给农奴和奴隶；对未参加叛乱的农奴主的土地和其他生产资料由国家出钱赎买后，分配给农奴和奴隶。据统计，在民主改革中，国家共没收和赎买农奴主土地 280 多万亩，分给 20 万户的 80 万农奴和奴隶，农奴和奴隶人均分得土地 3.5 余亩。西藏百万农奴和奴隶第一次成为土地和其他生产资料的主人，焕发了空前的生产和生活热情，迅速改变了西藏的社会面貌和生活条件。据统计，土改基本完成的 1960 年，西藏全区的粮食总产量比 1959 年增长 12.6%，比土改前的 1958 年增长 17.5%。牲畜存栏总数 1960 年比 1959 年增长 10%。在民主改革中，西藏建立起第一个供销社、第一个农村信用社、第一所民办小学、第一所夜校、第一个识字班、第一个电影放映队、第一个医疗卫生机构。

其次，西藏社会制度实现了历史性跨越，经济建设实现跨越式发展，社会面貌日新月异，而西藏人民当家做主的权利有了制度保障，人民生活水平大幅度提高。1965 年，西藏自治区成立，标志着民族区域自治制度在西藏全面确立，实现了西藏社会制度从政教合一的封建农奴制度向人民民主的社会主义制度的历史性跨越，昔日的农奴和奴隶从此享有了平等参与管理国家事务和自主管理本地区、本

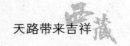

民族事务的政治权利。

西藏和平解放以来，特别是民主改革以来，中央政府为促进西藏经济社会发展，对西藏实施了一系列优惠政策，在财力、物力、人力等方面给予强有力的支持。据统计，仅在基础设施建设方面，1951～2008 年，国家就累计投入资金 1000 多亿元。1959～2008 年，中央财政向西藏的财政转移支付累计达到 2019 多亿元，年均增长近 12%。在中央的关怀和全国的支持下，西藏经济社会发展突飞猛进。据统计，1959～2008 年，西藏生产总值由 1.74 亿元增长到 395.91 亿元，按可比价格计算，增长 65 倍，年均增长 8.9%。1959～2008 年，西藏人均生产总值由 142 元提高到 13861 元，增加 13719 元。旧西藏的农牧业基本靠天吃饭、靠天养畜，如今农牧业现代化程度大幅度提高，防灾抗灾能力显著增强，科技贡献率达到 36%。粮食产量由 1959 年的 18.29 万吨增加到 2008 年的 95 万吨；粮食平均亩产由 1959 年的 91 公斤提高到 2008 年的近 370 公斤；年末牲畜存栏总数由 1959 年的 956 万头（只）增加到 2008 年的 2400 余万头（只）。

西藏和平解放前，西藏农牧民没有生产资料，几乎终身负债，根本谈不上纯收入，2008 年，西藏农牧民人均纯收入达到 3176 元，1978 年以来年均增长 10.1%。1959 年前，西藏 90% 以上的人没有自己的住房，农牧民居住条件极差。如今西藏人民的居住条件得到了巨大改善，通过推进新农村建设、实施安居工程，已有 20 万户百余万农牧民住进了安全适用的新房。2008 年，农村居民人均居住面积达到 22.83 平方米。目前，从城市到农村都已初步建立起社会保障体系，2006 年西藏人均收入低于 800 元的农牧民全部纳入最低生活保障，在全国率先建立了农牧区最低生活保障制度。而且，西藏和平解放后特别是民主改革后，中央人民政府采取各种措施改善西藏农牧区的医疗卫生条件，20 世纪 60 年代开始，西藏消灭了天花，各类传染病、地方病发病率大幅度下降，目前西藏在全国率先实现了城镇居民医疗保险全覆盖，并逐步建立了以免费医疗为基础的农牧区医疗制度，农牧民免费医疗补助人均达到 140 元。随着医疗卫生条件的改善，西藏的人均预期寿命由和平解放时的 35.5 岁增加到 67 岁。据 2000 年第五次全国人口普查，西藏有 80～99 岁的老人 13581 人、百岁以上的老人 62 人，是中国人均百岁老人最多的省区之一。

二　"百村调查"西藏 13 个村（镇）调查点的选择与基本情况

"百村调查"专家组为西藏共分配了 13 个村（镇）的调查任务。具体选择要求具有代表性，能够充分反映西藏农村当代发展的基本面貌。由于地理环境和条件不同，西藏和平解放以来，西藏农村经济社会的发展并不平衡，故在目标村（镇）的选择上，不同发展程度村（镇）的均匀分布是我们所主要考虑的。其他还关注了村（镇）的区位、经济、社会、文化、民族特征等。

"百村调查"在西藏的调研工作在"新疆项目"领导小组和专家委员会指导下，由"百村调查"专家委员会组织实施，在基本统一的调查大纲和问卷的框架下，注意发挥和体现西藏雪域高原的优势与特色。西藏地区的调研以 13 个村（镇）的调查为主，分别在西藏的边境、农区、牧区、城郊、青藏铁路沿线的 13 个村（镇）同时开展，主要包

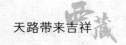

括：（1）堆龙德庆县的柳梧新村；（2）扎囊县的德吉新村；
（3）贡嘎县的杰德秀居委会；（4）那曲县门地办事处22
村；（5）拉萨市纳金乡城郊村；（6）拉萨市城关区蔡公堂
村；（7）那曲县的罗玛镇14村；（8）贡觉县的岗托村；
（9）定结县日屋镇德吉村；（10）错那县的勒布村；（11）
日喀则市的8～9村；（12）当雄县的当曲卡村；（13）曲水
县达嘎乡其奴村。

三 "百村调查"西藏项目组的人员组成与调研简况及预期目标

　　"百村调查"西藏项目组共由18位成员组成，倪邦贵
研究员、孙宏年博士分别为第一、第二主持人，18名项目
组成员中有7人各自承担1个村、6人分2组分别承担2个
村、3人1组承担1个村、2人4组承担4个村，分别展开调
查。西藏项目主持人强调所有承担人必须深入村（镇）15～
20天，认真调查，掌握真实情况，形成基本感受和准确认
识，之后再以写实的笔法完成文本撰写。由于项目组成员
科研能力强弱不一，大部分人缺乏研究经验，为了保证质
量，使每个人都能基本上完成任务，项目组为他们制定了
共同的入户调查问卷、调研提纲和写作提纲。在具体使用
过程中，要求他们从入户调查入手，以调研提纲保障全面，
没有大的遗漏，再以写作提纲保证叙事结构规范合理。每
位作者在文本写作过程中，除基本遵守写作提纲外，还可
以突出所调查村庄的特点，对写作大纲进行个性化灵活处
理。除此之外，经常召开项目组会议，相互交流研究经验
心得，学习各自长处，既有分工，又有合作，充分发挥项
目组集体力量，以及每个人的聪明才智，整个工作进展基

本做到规范有序、有条不紊。

"百村调查"西藏项目组的准备工作从 2006 年底着手进行，到 2007 年 5 月底基本完成，利用近半年的时间，西藏项目组总负责人倪邦贵研究员与项目组全体成员采用电话联系、个别交流与当面沟通等多种方式进行了调研前的培训与交流。2007 年 3 ~ 12 月，西藏 13 个村（镇）的调研工作基本全面展开，其间由于各种原因，还进行了个别人员调整。在此期间及之前，中国边疆史地研究中心在北京、银川、南宁和北戴河召开了多次协调会，通报了各地的研究进展和经验，统一了各地的进度，规范了研究进程。到 2009 年 12 月底，历时近 3 年时间〔指村（镇）调研和文本撰写〕，西藏 13 个村（镇）的调研和文本写作基本完成，并且都进行了多次修改。经 2009 年 4 月北戴河会议审订，第一批 4 个村（镇）的成果先期于 8 月中旬正式交由社会科学文献出版社编辑出版。

四　"百村调查"西藏项目组的研究方法与最终目标

"百村调查"西藏项目组以西藏的基层社会与经济发展现状的社会调研为基本方法，强调学术调查与现实政治相结合，以民族学、社会学入村入户的调研方法为主，同时关注现实政治、社会与经济发展中的热点、难点问题；强调一般共性调查与专题访问调查相结合，在一般共性调查的基础上，选择好专访或专题调研的切入点；强调总结经验与完善不足相结合，在总结各项工作经验的同时，善于发现问题和提出解决问题的对策和建议。在调查选点方面，遵循选择西藏社会稳定与经济发展中具有典型意义的

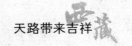

村（镇）（以行政村为主）的原则。在一般性问卷和统计资料收集的基础上，注重对基层干部、群众典型人物、教师、宗教人士等特定人员的专题访谈，倾听和收集他们对基层社会稳定与经济发展的看法、意见和建议，形成能说明问题的专访或专题调研报告。

"百村调查"西藏项目组以西藏的基层社会与经济发展为切入点，主要目的在于摸清西藏基层社会与经济发展的一般情况，包括西藏基层政权建设、西藏和谐社会构建、西藏的民族关系与民族团结、西藏的宗教信仰与宗教事务管理、西藏居民的国家意识与民族宗教观、西藏的"三老"人员情况、西藏的基层经济发展现状、西藏的基层文化教育现状、西藏的基层人才队伍状况、西藏的基层社会治安等方面。

根据"百村调查"项目的总体设计，西藏项目组确定的目标是：总结西藏地区基层社会与经济发展的经验，同时发现、弥补其不足，并为之提供有效的对策建议。在此基础上，"百村调查"在西藏的调研在以下几个方面有所突破：第一，通过典型调研，认真总结西藏基层社会与经济发展迄今为止所取得的重要成绩，总结其有益的经验；第二，在调查中关注发展中存在的问题与困难，并针对这些问题和困难，提出具有可操作性的对策建议；第三，根据西藏现有发展状况及其所具有的发展条件和机会，预测其发展前景。

作为"百村调查"西藏13村（镇）项目组负责人，我们深深地知道，这是一项非常有意义的研究，值得认真去做。历史将证明，今天我们为西藏这13个村（镇）留下的每一行文字、每一份表格、每一张照片，作为它们真实情况的反映，都将是有价值的历史记录。当然，我们也同样深知，由于作者众多，水平不一，成果的质量因而参差不齐，甚至可能出现各种错讹。在此，作为丛书西藏卷主编，我们代表相关的作者表示歉意，并恳请广大读者和专家批评指正。

谨以此书向西藏和平解放 60 周年献礼！

倪邦贵　孙宏年

2009 年 8 月 16 日

第一章 引论

一 调研点的选择

那曲镇门地办事处 22 村（简称门地 22 村），位于那曲镇西南方约 10 公里处，距那曲火车站约 2 公里。该村以畜牧业经济为基础，兼顾其他产业发展。选择门地 22 村作为调研对象，是因其具有典型性和代表性，门地 22 村既是火车站附近村，又是纯牧业村，也是牧民合作经济组织的典型示范村。对该村的社会与经济进行系统的调研分析，对于了解整个西藏社会与经济的发展状况具有积极的借鉴意义，对于全面建设小康西藏、和谐西藏、平安西藏以及实现西藏农牧区社会经济的跨越式发展，具有很好的启迪和借鉴意义。

二 此次调研具有开拓意义

目前，还没有调研人员对门地 22 村的社会与经济发展状况进行过系统的调研。因此，本调研组是首次对门地 22 村的社会与经济进行系统调研，从一定程度上来讲，这对掌握该村的原始资料具有奠基性。

三 调研队伍的组建与培训

该调研项目由西藏社会科学院农村经济研究所所长倪

邦贵研究员和西藏民族学院硕士生导师狄方耀教授进行总体培训和具体指导。对那曲镇门地办事处 22 村调研的主要人员有 3 人，他们是西藏民族学院政法学院中国少数民族经济专业 2005 级硕士研究生杨本锋、唐文武和该专业 2006 级硕士研究生王雪锋，西藏民族学院财经学院 2005 级劳动与社会保障专业松昂多吉同学进行了藏语翻译。

四 调研方法

选取 50 户有代表性的牧民家庭进行调研，主要采取组织小型会议、几户同时集中访谈、个别户个别人访问、分发问卷、专题座谈与典型走访等多种方式相结合。在对门地 22 村基本资料全面掌握的基础上，按照社会人类学、民族学、经济学和边疆史地学以及哲学社会科学的基本要求，遵循马克思主义唯物辩证法和唯物史观的基本研究方法，以科学发展观为指导，结合该村的实际，坚持正确的政治立场，维护祖国统一和民族团结、反对分裂和维护边疆社会局势稳定的政治原则，运用客观的学术观点和学术语言对门地 22 村社会与经济的基本概况、存在的主要问题和未来的发展方向进行了专题探讨。

五 调研工作的进程

2007 年 7 月 15～20 日，在西藏民族学院进行进藏调研的前期资料准备、设备准备和调研日程安排等各项工作。

2007 年 7 月 25 日～8 月 4 日，在门地 22 村蹲点入户进行全面系统的调研，对该村的社会与经济基本情况有了总体了解。

2007 年 8 月 5～7 日，在拉萨休整两天，向西藏社会科学院倪邦贵研究员进行工作初步汇报，交换意见，倪邦贵研究员对该村的下一步调研情况给予指导。

2007 年 8 月 8 ~ 15 日，在那曲火车站附近，就青藏线开通后对门地 22 村社会、经济、文化及思想观念的影响进行了调研，并走访了那曲县和那曲镇的相关部门，对有关问题进行调研。

六　调研工作成果

该调研是首次对门地 22 村的社会与经济状况进行的系统调研，基本达到预期效果，对了解西藏火车站附近村和纯牧业村等社会与经济发展状况具有很好的借鉴和启发作用，并为门地 22 村以后社会与经济的发展思路准备了第一手资料，为西藏农牧区经济的跨越式发展以及构建和谐西藏、建设社会主义新农村做出了基础材料的收集工作，对全面、真实地了解边疆地区的村庄情况作出了一定的贡献。

七　问题与建议

本调研组在调研过程中遇到的最大困难是语言不通，虽然有流利的藏汉语翻译人员，但与面对面直接同藏族群众交流的亲身感受还是存在着一定差距的；其次，这只是对门地 22 村进行的一次探索，以后还需对门地 22 村进行跟踪调研，特别是在青藏铁路通车和那曲物流中心建成之后，在社会转型的特殊时期，门地 22 村能否把握住这一难得的历史性机遇，在思想观念上能否跟上时代的步伐等，所有这些都需要在 5 年或 10 年之后，再次对门地 22 村进行调研，到那时，情况可能和现在的总体面貌有很大的区别。这从社会学和人类学田野调查的角度来看，是必须的也是必要的。

第二章　门地22村所在县、镇
概况与基本村情介绍

第一节　门地22村所在县、镇概况

一　所在县、镇概况

1. 那曲县的历史沿革

那曲县曾名为"黑河县"，因怒江上游的那曲河流经境内而得名。"那"，藏语意为"黑色"，"曲"，意为"水"，"那曲"意为"黑河"。为了不与黑龙江省的黑河市重名，1965年11月3日，经国务院批准，正式将"黑河县"更名为"那曲县"。

1951年西藏和平解放，西藏自治区筹备委员会于1956年10月9日在那曲设立基巧办事处，那曲宗隶属那曲基巧办事处管辖[①]。1959年西藏民主改革时，原那曲宗所属安多8部落（14个小部落）划出，另设安多县，其余部分设立

[①] 1942年，西藏噶厦地方政府设立绛巧基巧，即那曲总管公署，治辖藏北牧区和拉萨以北的14个宗，那曲宗即为绛巧基巧管辖的宗之一。按地理分布为准，当初的那曲宗下辖7个大部落、51个小部落，而以实际管治权限为准，却只管30个小部落，称为"雄巴"，其余21个小部落属西藏上层贵族或寺庙所辖，称为"格尔巴"或"格尔得"。

了现在的那曲县。1959 年 7 月 6 日，成立中共那曲县委，10 月 7 日，成立那曲县人民政府。

1990 年，那曲县辖 1 镇、1 区、19 乡、267 个村（居）委会。2000 年，经过局部调整后，那曲县辖 1 镇、19 乡、292 个村（居）委会和 1840 个自然村。经过 2002 年行政区划总体调整后，那曲县由 1 镇、19 乡、3 个居委会、280 个村委会调整为 3 镇、9 乡、18 个居委会、111 个村委会。

2. 地理位置

那曲县位于唐古拉山和念青唐古拉山之间，地处青藏高原腹地，跨踞东经 90°05′ ~ 92°58′、北纬 30°16′ ~ 31°57′之间，属那曲地区的中部县，北接安多县、聂荣县，南邻嘉黎县，东至比如县，西连班戈县，平均海拔 4527 米，素有"世界屋脊的屋脊"之称，地形较为平坦开阔，相对高度为 100 ~ 200 米，属高原丘陵地形（见图 2 - 1）。

3. 交通条件

那曲县是藏北的交通枢纽，是通往圣地拉萨、格尔木

图 2 - 1 门地 22 村草原风光（2007 年 7 月 29 日 王雪锋摄）

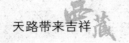

及三地、二十县城的必经之路，是青藏公路（109国道）、青藏铁路（西宁—拉萨）、黑昌公路（那曲—昌都，317国道）、黑阿公路（那曲—阿里）的交汇处，交通便利。那曲县目前"乡乡通"公路里程达1200余公里。全县有143个村（居）委会所辖地区基本通汽车，未通车的村有13个，占村庄总量的8%。

4. 气候特征和自然灾害

受印度洋西南季风的影响，那曲县呈现典型的高原亚寒带季风半干旱气候，气候寒冷干燥，冬长夏短，多大风。那曲县年平均气温-1.9℃，日最低气温-40℃，日最高气温22.6℃，基本无绝对无霜期；年降水量400毫米以上，年平均蒸发量1810.6毫米，是降水量的4.5倍，相对湿度51%，干湿季节明显；年大风日约150天，最大风力约30米/秒，多发生在冬季和春季。

独特的气候条件，使得那曲县成为自然灾害的多发区，经常发生的自然灾害有雪灾、风灾、雹灾等。

5. 主要资源

那曲县不仅拥有丰富的草地资源（见图2-2），全县草地总面积2080万亩，可利用草地面积1872.60万亩；而且还拥有丰富的野生动植物资源。那曲县境内有野生动物68种、哺乳动物28种、野生鸟类32种。国家级和自治区重点保护的野生动物有25种，其中，被列为国家一级保护动物的有7种，二级保护动物有13种，自治区级保护动物有5种，最具有代表性的野生动物有藏羚羊、藏雪鸡、盘羊、岩羊、旱獭、黄鸭、灰鸭、草狐狸、斑头雁、猞猁、黑颈鹤等。另外，那曲县还有丰富的高原鱼类等水生动物。野生植物有189种，可入药的有冬虫夏草、雪莲花、贝母、雪

图2-2　门地22村草场资源（2007年7月29日　王雪锋摄）

山一支蒿、人参果、雪灵芝、大黄等。

那曲县的风、水、太阳能等资源相当充足。风能居那曲地区之首（见图2-3），冬季经常出现10级以上大风，持续时间长。那曲县境内有三大水系，年径流量2.3×10^9立方米，河流落差大，水能蕴藏丰富（见图2-4）。除此之外，那曲县太阳能资源也很丰富，年均日照时数2847.4小时，是世界上日照时间最长的地区之一。

那曲县目前探明的矿产资源有12种，其中以砂金、硼砂、芒硝、铁、铜、锌、锑、锡、金最为丰富。由于受资金、技术等因素的影响，全县境内的矿产资源开发有限。

6. 经济情况

2005年，那曲县国内生产总值25991万元，比2004年国内生产总值21978.09万元增加了4013万元。其中，第一产业产值12586.53万元，第二产业产值3034.76万元，第三产业产值10370万元，三次产业产值占总产值的比例为48.4∶11.7∶39.9。

图 2 - 3 那曲门地 22 村风力发电

（2007 年 8 月 1 日 王雪锋摄）

那曲县是纯牧业县。2006 年末，全县牲畜存栏 107 万头（只、匹），其中，牛 39.3 万头，绵羊 48.7 万只，山羊 17.4 万只，马 1.49 万匹，畜产品肉产量 8787 吨，奶产量 7231 吨，毛产量 458 吨，绒产量 160 吨，皮产量 39 万张；各类畜产品商品率达 43%，各类牲畜出栏率达 30%。

7. 社会发展情况

2005 年底，那曲县有 12835 户、68215 人，人口自然增长率为 14.2‰，其中牧业人口为 11655 户、59267 人，占全县人口的 86.4%，城镇人口占 13.6%。

那曲县现有 1 所完全小学、11 所乡级中心小学、7 所初

图 2 - 4　那曲镇门地 22 村饮水设备

(2007 年 8 月 1 日　王雪锋摄)

级小学、12 个教学点、1 所幼儿园、1 所职业学校;现有教职工 558 人,其中专职教师 333 人,代课教师 65 人,师资合格率达 100%。

那曲县医疗机构有 1 家县防保服务中心、12 所乡镇卫生院和 8 个医疗点,全县卫生技术人员有 182 名(包括计划生育技术人员),其中中专学历的 19 名,其余无学历;有中级职称者 2 名,初级职称者 9 名,其余无职称。

二　门地 22 村所在镇——那曲镇概况

那曲镇位于那曲县东部,是那曲地区那曲县辖镇,也

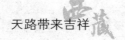
是那曲地委、行署所在地及县人民政府驻地，不仅是那曲
地区的政治、经济、文化、交通和娱乐中心，也是藏北的
人流、物流、信息流、资金流的中心。

全镇平均海拔 4527 米，总土地面积约达 1600 平方公
里。2006 年全镇共有 28 个行政村，173 个自然村，2528
户，11937 人，其中城市居民 2862 人，占那曲镇总人口的
33.23%，绝大多数是藏族。

（一）经济概况

那曲镇是纯牧业镇，2006 年全镇可利用草场面积
13.46 万公顷，其中草场退化面积 4.9 万公顷，网围栏草
场面积 5.68 万公顷，人工种草面积 0.12 万公顷，各类牲
畜存栏数 177193 头（只、匹）。2006 年，那曲镇国内生产
总值为 3771.6 万元，其中第一产业产值为 1802.6 万元，第
二产业产值为 212 万元，第三产业产值为 1757 万元，三次
产业产值占总产值的比例为 47.79∶5.62∶46.59。那曲镇现
有工业企业 12 家，主要是民族手工业企业和原材料加工业
企业。

（二）社会概况

那曲镇现有 3 所小学，即那曲镇中心小学、那曲镇第二
小学和联村小学。三所学校占地面积共 24036 平方米，校舍
建筑总面积 6334 平方米。

2006 年那曲镇适龄儿童入学率为 99.06%，初中入学率
为 97.39%，15 周岁人口小学教育完成率为 91.44%，15 周
岁人口中文盲率为 0，15～50 岁人口中文盲率为 1.85%。

那曲镇还有 1 所普通中学、1 所医院、1 座文化站。

目前那曲镇整体社会治安状况良好，呈现出一片和谐的局面。

第二节　那曲镇门地 22 村基本情况

一　门地 22 村的历史沿革

门地 22 村的前身是那曲县门地乡 2 村，1968 年，该村由于在社会主义改造和建设事业中贡献突出，被命名为国家红旗公社，并受到国务院的颁令嘉奖，成为历史上有名的"红旗公社"。2002 年行政区划总体调整后，门地乡并入那曲镇，该村即由原先的"那曲地区那曲县门地乡 2 村"变更为"那曲地区那曲县那曲镇门地办事处 22 村"。2002 年行政区划调整前，作为一级政权组织的门地乡共辖有 11 个行政村，分别是科如村、俄玛迪格村（即原来的门地 2 村，如今的门地办事处 22 村）、他尔巴村、达朗村、高雄村、鼓巴村、措扎村、吴噪地、普索村、朗唐巴尔玛村、朗唐多村，每个村都设有村民委员。门地乡并入那曲镇后，其法律地位已不再是一级政权组织，成为那曲镇人民政府的一个办事处，门地办事处现辖有 5 个行政村，即门地 21 村、门地 22 村、门地 23 村、门地 24 村、门地 25 村，目前的门地 22 村由 5 个组组成，分别是乌提普玛村、乌提多玛村、鲁古那村、俄玛迪格村、笛尔村。2002 年前后，门地办事处 22 村行政区划沿革如下：

那曲地区→那曲县→门地乡→2 村

↓

那曲地区→那曲县→那曲镇→门地办事处→22 村

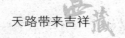
二　门地 22 村的基本概况

那曲镇门地 22 村坐落在离那曲镇西边沿 109 国道南行约 4 公里、距那曲镇西南约 10 公里的"俄玛迪格"小山坡上，该村故而得名为"俄玛迪格村"（见图 2 - 5）。该村东至聂荣县，西至班戈县、申扎县与双湖县，南至嘉黎县，北至安多县，东北部与德吉办事处相连，东中部与德吉 19 村相靠，东南部与仁毛办事处毗邻。

图 2 - 5　那曲门地 22 村自然风光

（2007 年 7 月 29 日　王雪锋摄）

（一）人口、民族、经济概况

门地办事处 22 村是一个纯牧业村，全村共有 5 个组。2006 年门地 22 村共有 96 户、466 人，其中男、女人数分别为 226 人、240 人，分别占总人口数的 48.5%、51.5%，村中实际劳动力为 220 人，占总人口数的 47.2%。门地 22 村是一个单一民族居住村，该村人口全部是藏族。2006 年，该村国内生产总值为 204.4524 万元，其中第一产业产值

72. 1602 万元，第二、第三产业产值 132. 2922 万元，人均收入 4604. 79 元，人均纯收入 3600 元。在青藏铁路修建过程中，该村无搬迁户，现有困难户 10 户，占总户数的 10. 4%，其中特困户 7 户，占总户数的 7. 3%，无畜户、无住房户有 3 户，占总户数的 3. 1%，其中有 5 人独居，占总人口数的 1. 1%。

（二）交通概况

门地 22 村位于青藏公路西南侧，距离青藏公路约 1. 5 公里，距那曲镇西南方向约 10 公里，距那曲火车站西南方向约 2 公里（见图 2 - 6、图 2 - 7）。该村所处地理位置交通十分便利，青藏公路与青藏铁路横穿该村，且青藏铁路藏北第一大站——那曲火车站就修建在该村（见图 2 - 8、图 2 - 9）。过往拉萨和那曲的车辆、人员必经此地，是人流、物流、信息流的交通要道，窗口和联系平台作用十分显著。此外，该村有才曲河流经其境，水源条件也十分优越。

图 2 - 6　那曲火车站一角（2007 年 8 月 4 日　王雪锋摄）

图 2 - 7　火车站附近自然环境（2007 年 7 月 31 日　王雪锋摄）

图 2 - 8　火车站周边环境（2007 年 8 月 1 日　王雪锋摄）

（三）商品交易概况

该村无商品交易市场，村民需要进行商品交易时，都是去那曲镇。由于该村距那曲地区行署所在地只有 10 公里，

14

图 2 – 9　那曲火车站场景（2007 年 8 月 4 日　王雪锋摄）

交通非常方便。那曲地区行署所在地商品丰富，基本上可以购买到与内地一样的商品，超市规模较大，商品种类齐全。

第三章 门地22村的基层组织

在那曲地委、行署及那曲县委、县政府的高度重视和指导下，门地22村认真开展了基层组织建设工作。全村现有党员18名、团员55名，现已建立了党支部、团支部、妇代会等8个基层组织。截至目前，该村共进行了三届村民委员会的选举工作（分别是1999年、2002年、2005年），总参选率为98%，现该村设有村委会主任1人，副主任2人，村委会干部2人。党的十一届三中全会召开以来，特别是1995年全国开展农村牧区基层组织建设工作以来，门地办事处22村按照"民主选举、民主决策、民主管理、民主监督"的原则和相关法律、法规，建立或健全了草场管理领导小组、村务管理与监督领导小组、社会治安综合治理领导小组、矛盾调处领导小组、环境保护与治理领导小组、民主理财领导小组等。各领导小组成立后，按照相关法规、文件的要求，根据本村的实际，都在召开村民会议或村民代表会议的基础上讨论并制定了相关管理制度。对于各类组织的成立和工作过程，村党支部都进行了记录与存档。

第一节　村民自治制度的运行状况

一　村民委员会

村民自治工作关系到广大人民的切身利益。党的十一届三中全会召开以来，门地 22 村的组织建设得到健康、良好的发展，特别是 1995 年全国开展农村牧区基层组织建设工作以来，该村党支部、村委会的领导干部，贯彻党中央关于加强基层组织建设的精神，充分发挥党组织和村委会的领导核心作用，充实完善共青团、妇联等基层组织，带动全村两个文明的全面发展。

目前，门地 22 村共开展了三届村民委员会的选举工作（分别是 1999 年、2002 年、2005 年），2008 年是该村第四次村民委员会换届选举年，也是西藏自治区第六届村民委员会换届选举工作年。按照有关法律、法规及文件精神，在乡镇换届领导小组的现场指导下，门地 22 村村民委员会依法按时换届，严格程序，采用公开竞争、无记名投票方式选举。在该村进行的三届换届选举工作中，无违背群众意愿的指定、委派或变相撤换村委会成员行为的发生。

当前，门地 22 村村民委员会共由 5 名成员组成，其中，村民委员会主任（兼村党支部书记）1 名，副主任 2 名，委员 2 名，5 名村委会干部均是该村藏族牧民。在 5 名村委会成员中，除 1 名委员外，其他 4 人都是党员；在男女比例构成中，村委会主任由男同志担任，副主任和委员分别由 1 名男同志、1 名女同志担任。现村委会 5 名成员的平均年龄为46.7 岁，其中年龄最大的是副主任次仁多杰（57 岁），年龄最小的是委员贡确（39 岁），主任扎罗的年龄是 46 岁。5 名村委会成员都是小学学历。主任扎罗还是西藏自治区第八届人大代表。门地 22 村村委会成员由政府发放职务工资，待遇是每人每年 1500～2000 元，发放给村党支部书记（副书记）、村委会主任（副主任）的误工补贴费为每人每年 2000 元。一般情况下，政府都会按时发放，几乎无拖欠情况发生。门地 22 村村委会用于集体活动的经费主要来源于那曲镇人民政府的拨款，无特殊情况下，政府一年会向村委会发放 1000～2000 元的资金，作为村委会的活动经费，村民自筹经费和集体经济组织创收收入几乎没有，但若出现经费不足的情况，村委会会动员村民的力量来获得经费，最常见的是组织村民挖沙子、石头去镇里卖，收入的一部分发给参加劳动的村民，剩下的一部分作为村委会经费。

村委会每年召开 6～7 次村民大会，凡是与村民切身利益密切相关的事项都拿到村民委员会会议上进行民主决策。如村务管理、村务公开、财务收支、经济与社会发展规划、环境保护等，都是会议的主题。

自村民自治活动在门地 22 村实施以来，在村党支部和村委会的带领下，该村已开展了"除陋习、树新风"活动（见图 3-1）、"十星级文明户"评选活动（见图 3-2）、"美德在农家"活动（见图 3-3）、"五好文明家庭"评比活动（见图 3-4）、"《公民道德建设实施纲要》学习宣传和青少年的教育"等一系列以推进农村精神文明建设为重要内容的活动。通过各种活动的开展，该村物质文明、精神文明建设取得了双丰收。在"二五"普法期间，该村荣获"二五"普法全国先进集体的光荣称号，于 1997 年被定为西藏自治区精神文明建设示范点，1999 年获得全国创建先进文明村工作"先进单位"称号，2004 年被评为全区妇女"除陋习、树新风"先进集体。因门地 22 村在村民自治方面工作成绩突出，2004 年，西藏自治区村民自治现场会就在该村召开，并荣获"西藏自治区村民自治示范村"称号。

图 3-1　全国妇女"除陋习、树新风"先进集体称号
（2007 年 7 月 31 日　王雪锋摄）

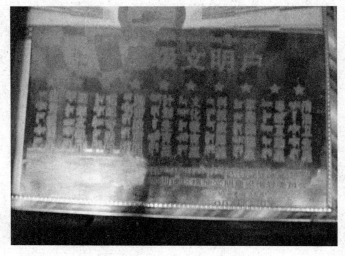

图 3-2　十星级文明户奖牌（2007 年 7 月 31 日　王雪锋摄）

19

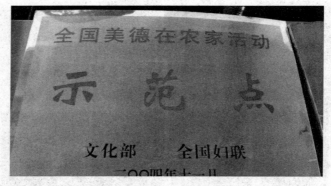

图 3-3 全国美德在农家活动示范点称号
（2007 年 7 月 31 日 王雪锋摄）

图 3-4 文明户奖状（2007 年 7 月 31 日 王雪锋摄）

二 党、团、妇女组织

门地 22 村现有 1 个党支部，经过几年的发展，该村党组织已发展了 18 名牧民党员。在门地 22 村党支部班子建设过程中，针对牧区工作的特殊性，党组织既注重个体素质的高低，更注重搞好科学搭配，使党组织成为一个合理的整体结构。该村党组织的特点体现如下。

（1）年龄结构上有梯次。门地 22 村提倡干部年轻化，但领导班子成员在年龄上必须新老搭配，拉开年龄档次。从门地 22 村党员年龄结构层次来看，60～70 岁年龄段的党员有 5 名，50～60 岁的党员有 4 名，40～50 岁的党员有 6 名，30～40 岁的党员有 3 名，其中，热扎（33 岁）是党员中年龄最小的，也是该村党员中文化程度最高的，是唯一一名上过初中的党员，党员中年龄最大的是秋朗（67 岁）。

（2）在智能结构上长短互补，使门地 22 村班子中既有熟悉党务工作的，也有以牧业见长的"经济人"；既有善于团结一般人共事、统揽大局的"帅才"，又有善于出点子的"谋士"。门地 22 村 18 名党员中，除热扎是初中文化程度外，还有 3 名党员是文盲，其余的都能认字。村委会副主任次仁多杰（57 岁）是该村一位有经济头脑、善于带头致富的"经济人"党员，在他的带动和带领下，那曲县畜产品流通示范点项目就在门地 22 村实施，该项目的实施有效地提高了畜产品附加值，帮助并带动当地其他的贫困群众增收，逐步走上共同富裕的路子。

（3）在男女搭配上相互融合。门地 22 村 18 名党员中，男、女党员分别为 13 人和 5 人。

自 1997 年被西藏自治区定为精神文明建设示范点以来，门地 22 村除不断健全党组织、村委会外，还在原有的基础上完善和充实了各种组织，并成立了社会治安综合治理小组、抗灾保畜领导小组、草场管理领导小组及扶贫致富工作领导小组等，每组由 2 名党员组成。在青藏铁路修建过程中，为协调铁路建设与地方资源和环境的矛盾，保护当地

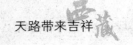

的土地资源、草场资源、水资源及环境，该村专门成立了资源及环境保护领导小组。

该村的村委会由5人组成，村团支部有55名团员，妇联组织也发展到36名成员。团支部平时主要负责该村的扫盲工作、法制宣传教育工作及辅导中青年文化知识教育工作；村妇代小组有3名成员，主要工作是负责环境卫生和计划生育工作；村级民兵班共由15人组成，主要负责保护国防三线（即国道、油管、光缆）；治安调解领导小组由7人组成，制定有《七个预防条例》，主要负责定期义务为村民提供法律咨询，发现纠纷苗头和治安隐患及时制止。这些组织在那曲镇党委、镇政府的领导下，在三个文明建设中起到了中坚作用。在社会治安综合治理和三级治保网络健全、组织职责明确、工作扎实开展的情况下，该村近几年内不但没发生过刑事案件，甚至连治安案件都没有发生过；在三级调解组织网络健全、人民调解制度完善、工作踏踏实实地开展的情况下，仅有的一两次矛盾纠纷都得到及时化解，无村民集体上访事件发生，甚至没有个别上告或上诉现象发生。

通过健全组织的建设工作，推进以党支部、村委会为核心的村组织建设，使全村的工作有了主心骨，充分调动了广大牧民群众管理本村工作的积极性，为促进该村精神文明建设工作和基层组织健全工作起到了积极作用。

第二节　规章制度

为了保障村民实行自治，由村民群众依法管理自己的事情，发展农村基层民主，促进农村社会主义物质文明和精神文明建设，门地 22 村认真开展依法治理工作，以有关法律为依据，结合该村的实际，建立了完备、健全的规章制度，主要制定了以防盗、防火、防骗、防闹事、防流浪、防私生、防事故等为内容的村规民约，并与每户家庭签订了社会治安综合责任书，以便加强安全防范工作。同时，村委会还认真做好民事调解工作，村民之间发生纠纷和矛盾时，首先想到的是村委会，找到村委会干部来解决村民之间的纠纷，而不是采取过去极端的打斗和私了的方式。

该村还制定了好人好事登记制度、党员登记制度、困难村民救助登记制度、村民变动登记制度、村民健康状况登记制度、会议记录制度、计划生育登记制度、民主评议记录制度、组织生活会议登记制度、纠纷调解登记制度、草场建设与管理制度、防抗灾制度等村规民约。在每年底，该村还要对村干部进行民主评议，并对表现优秀的干部给予精神奖励，对不合格干部做批评与思想教育工作。

所有已经制定的成文规范和被村民认可后的传统习惯，群众都自觉遵守，实施的效果也非常明显。尤其在村务公开制度上，村党支部领导干部在西藏自治区第八届人大代表、村支部书记、村委会主任扎罗同志的带领下，坚持勤政为民，把群众的利益放在第一位，在村里进行"三公开"制度建设，坚持在承诺的时间里，实事求是地将该村的村务公开情况张贴和悬挂在村文化活动室的墙上，让群众充分行使民主监督的权利，村民直接参与其中，发表建议和意见，对牧民疑虑的问题进行详细解答。村里的开支严格按照审批制度落实，实行有效的监督机制，尤其是在草场使用费、救灾款物发放、扶贫款物发放等涉及财务的问题上，都要及时进行公开，在村干部中专门设有 1 名会计

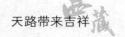

（村委会主任兼任）和 1 名出纳（村委会副主任兼任），确保了党风廉政建设的持续健康发展。在重大决策上，坚持集体研究、科学决策，使全村经济和社会得到了健康发展。

该村开展村民自治工作以来，村委会干部认真开展依法治理工作，通过具体示例和加强有关法律知识的宣传、教育，牧民群众的法律意识大大增强，基本上杜绝了一夫多妻、一妻多夫等不合理的婚姻制度，同时改变了过去在牧民群众中普遍存在的多子多福等传统封建思想，由村妇代会组织和领导，深入贯彻宣传党和国家的计划生育政策，提倡优生优育，做好计划生育的各项技术服务工作。现在，计划生育已成为广大牧民群众的自觉行为。

在门地 22 村，通过村里制定的村规民约，极大地增强了该村村民的自治能力和自觉遵守法律、法规的能力。自1997 年以来，该村未发生一例刑事案件和治安案件，也没有发生重大的民事纠纷案件，该村有效地发挥了村民自治工作的重要作用，同时有力地促进了社会局势的稳定。

第三节　近年来门地 22 村"两委"
工作大事

一　思想政治教育方面

为提高党支部的凝聚力和战斗力，门地 22 村村委会和党支部从抓好党员的思想政治教育工作入手，在全县率先开展了党员电化教育工作。他们坚持组织党员学习党的基本理论、基本纲领，学习经济知识和法律知识。重点学习了《草原法》、《婚姻法》、《义务教育法》等法律法规，组织党员观看了《先锋颂》、《新世纪的呼唤》等专题节目。在学习过程中，他们不但要求做好学习笔记，还要撰写心得体会，进行心得交流，广大党员还要把自己所学的知识传授给群众，从根本上转变群众观念。

2002 年行政区划调整以来，门地 22 村把加强牧民思想道德教育工作始终作为一项重要的工作来抓，加大了法律知识的宣传力度。门地 22 村成立了以党支部书记为组长的法制宣传领导小组，以《农村基层民主法制建设讲话》为主纲，积极开展学习法律活动。为了使学习卓有成效，该村建立了法制学校，由党支部书记担任校长，夏季一个月上 2 次课，冬季一个月上 4 次课；并开辟法制宣传教育阵地，开展"法进家庭"活动，由村里的法制宣传组安排法制宣传员到每家每户做讲解。近几年来，把14 ~ 60 周岁的村民作为法制教育的对象，把14 ~ 40 周岁的牧民群众列为普法和政治学习的重点对象，重点学习《宪法》、《草原法》、《婚姻法》、《治安管理处罚条例》、《环境保护法》、《义务教育法》等法律法规和党的有关方针政策，法制宣传组冬季和秋季每周组织学习 2 次，夏季和春季每周组织学习 1 次，每个自然村自行集中学习，半个月后在村委会进行一次法律测试。经过学习，全村年轻牧民中，有 28 人可熟练地背出"五个法律一个条例"中的 100 多个章节，能背出几十条章节的达参学人数的半数以上。年中和年终评比时，对成绩较好的进行经济奖励和精神奖励。

二 社会主义精神文明建设方面

（一）开展"美德在农家"活动

2005 年，门地 22 村被那曲地区妇联确定为"美德在农

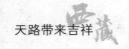
家"活动试点村。为保证该活动深入、持久、有效地开展，首先成立了由那曲县妇联主席任组长、门地22村村委会负责人为副组长的活动领导小组，专门指定了由以村委会副主任央姆为首的五人领导小组全权负责"美德在农家"活动的落实。领导小组通过制作藏文宣传栏，粘贴标语，悬挂"美德在农家"的横幅，营造了良好的活动氛围；通过开展每星期组织牧民家庭主要成员到村文化活动室学习、举办培训班等丰富多彩的活动，吸引了广大牧民群众参加；通过举行讲座，丰富了"家家学"的实质内涵，使牧民群众真正学到东西；通过开展"十星级文明户"评选活动，激发了牧民群众更强的竞争意识；通过开展"三清四改普及一取缔"室内外环境卫生整治活动，使该村居室内外环境达到"净化、绿化、美化、亮化"的"四化"标准；通过开展"夫妻爱情、父母养育情、兄弟手足情、婆媳体贴情、邻里互助情"的"五情"教育活动，使尊老爱幼、邻里互助的气氛更加浓厚；通过强化妇女的学习教育，提高妇女的整体素质，使"半边天"在社会发展过程中发挥更大的作用。

"美德在农家"活动，丰富了门地22村五好家庭创建活动的内涵，促进了农村精神文明建设，目前，全村乃至全县呈现出了"读书学习的多了，孝敬老人、邻里和睦的多了，争当先进的多了，农村业余文化活动多了"，"你追我赶比发展，尊老爱幼比和谐，讲究卫生比环保，遵纪守法比平安"的"四多四比"喜人局面。

（二）开展"除陋习、树新风"活动

"除陋习、树新风"是以全村妇女同志唱主角的一项旨在提高农村精神文明建设的活动。自2002年行政区划调整，被并入那曲镇后，门地 22 村就积极开展"除陋习、树新风"活动，门地 22 村走在了全镇各村（组）的前列，给全镇树立了榜样。为了配合该活动，区划调整后，门地 22 村对村妇联组织进行了调整，以村委会副主任央姆同志为首的 5 人领导小组全面负责该村的妇女工作，具体工作情况如下。

（1）开展"十星级文明户"评选活动（见图 3 - 5）。"十星级文明户"评比活动是门地 22 村继开展"五好文明家庭"评比活动之后作为"除陋习、树新风"的新内容在全村铺展开来的[①]。2006 年，全村 75 户通过评比，有 21 户获得"十颗星"，占全村总户数的 28%，最少的也有 6 颗星（只有 4 户），及格率为 100%。通过这项评比活动，不但增强了牧民群众的荣誉感，激发了更强的竞争意识，还提高了全村的文化品位。

图 3 - 5　十星级文明户创建活动（2007 年 7 月 31 日　王雪锋摄）

---

① "十星"包括：立场星、学习星、发展星、团结星、道德星、教育星、科技星、卫生星、安全星、奉献星。

（2）制定卫生检查制度，严格执行考核标准。针对外界"那曲人比较脏，不爱讲究卫生"的说法，门地22村成立了卫生检查领导小组，制定了卫生检查制度。譬如，对公共卫生，妇女们每周小打扫一次，每半个月大打扫一次，要求做到地面干净，没有牲畜粪便、塑料袋及其他垃圾，经过一年多的努力，门地22村没有任何卫生死角。

（3）强化妇女的学习教育，提高妇女的整体素质。为了解决妇女受文化教育机会相对较少的问题，妇女们积极参加集体扫盲班，争先恐后地学习科学知识。经过几年的努力，全村87名妇女中，只有4人没有脱盲，脱盲率达95.4%，没脱盲的有4人，也是由于年龄太大（最大的80多岁，最小的60多岁）、记忆力差而没脱盲。对于《公民道德建设实施纲要》的集中学习，村妇联不但要求每次每户至少有一人参加，每户至少有一名妇女参加，还要求妇女同志把好自家的学习关，督促、检查家庭成员的学习。

经过"除陋习、树新风"活动的开展，门地22村妇女的健康水平大大提高，生活质量也得到大幅度改善，并促进了该村的物质文明和精神文明建设（见图3-6）。

图3-6　自治区三八红旗集体称号（2007年7月31日　王雪锋摄）

三　经济建设方面

20 世纪 90 年代以前，门地 22 村产业结构单一、低效，集体经济非常薄弱，村民年人均收入不超过 1800 元。当时三个产业基本上是"一产劣，二、三产无"，可以说群众是"守着金山没饭吃"。20 世纪 90 年代以后，由于门地 22 村党支部、村委会的干部通过论证，对村子的发展思路进行理性定位，认为村经济要崛起、要发展，必须在依托城市上做文章，在发挥优势上下工夫。他们看上了该村在城郊和青藏公路沿线的区位优势，在镇党委、镇政府的支持下，先后有 40 户组成了 10 多个牧民联合组织，经营鲜奶、酸奶、拉拉、奶渣等藏牧区的特色产品，其中最大的一个是原门地乡成立的牧场。这些联合组织还利用区位优势经营小型度假村、小商品出售等。近几年来，由他们参与和推动的城郊畜牧业从无到有，从小到大，现在已经发展成为那曲县畜产品开发的新亮点。该村城郊畜牧业的强劲发展势头引起了自治区、地、县各级领导的重视，2004 年，在那曲县有关单位的扶持下，门地 22 村争取到 70 万元的城郊畜牧业项目资金，建设厂房，硬化道路，购买包装机、封口机、包装盒、冰箱、消毒柜等设备，并组织群众进行培训。在此基础上，采取了国家和群众分别入股的形式，由群众负责，实行自主经营、自我管理、自负盈亏的模式运作，形成了一套典型的"到村到户"的"短平快"致富项目模式，成为那曲县畜产品开发的看点和经济增长点。经过一年的努力，现已形成了那曲县"羌牛"牌门地酸奶品牌。这既为那曲县畜牧业产业化和促进农牧民增收奠定了基础，同时也填补了那曲县无特色系列畜产品的空白。另

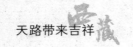

一方面，为了多渠道增加群众收入，门地22村"两委"干部积极动员牧民群众合理安排劳动力，发展副产业，在那曲镇劳务输出领导小组及相关单位的帮助下，一批农牧民施工队伍涌现，劳务输出的效益得到明显提高。

对下一步的经济发展，门地22村村委会已制定了中期、长期、远期发展规划，将利用区位优势和沿路优势条件，发展沿青藏公路和沿青藏铁路经济，从事商品批零、旅游业、仓储业、房屋出租、餐饮业等活动。

四 社会事业建设方面

门地22村"两委"围绕村民利益，以切实改善村民的居住环境和生活质量为目标，努力提高村组地位，让村民与城市居民共享现代文明。该村从发展公共设施入手，加强配套设施。针对"脏、乱、差"的现象，修建垃圾处理场和公共厕所；人畜饮水工程和畜圈的建设，使门地22村群众告别了人畜饮水不分和人畜混住的历史，在村规民约中将卫生作为一个重要方面做出了规定，并指定专人负责检查，发现问题及时整改。门地22村还修建了村文化室，安装了卫星电视接收设备，此外，由浙江省出资修筑了连接青藏公路的1.5公里长的村级公路。这一系列基础设施的建设和规章制度的完善，极大地改善了门地22村的村容村貌。

门地22村"两委"十分重视教育工作，为积极配合县教育局做好学生家长工作，"两委"教育牧民群众将子女送往各方面条件比较优越的那曲镇第二小学就读，针对部分家长考虑到子女年幼、生活很难自理的实际情况，"两委"认真说服教育，打消家长顾虑，并在村规民约中对教育工作做了明确规定，对少数拒不履行义务、无故不送子女入学的家长，除给予处罚外，还要在那曲镇参加为期一个月的义务教育培训班，直到考试合格并同意送子女入学。通过一系列政策的制定和落实，门地 22 村现有的适龄儿童除残疾儿童外，其余的均入学接受教育，入学率达到 100%。

为使全村群众有一个良好的治安环境，门地 22 村成立了治安调解领导小组。抓好村民的法纪教育，利用多种形式开展普法宣传，组织法律知识竞赛，收看宣传法律知识的电教片等，引导村民知法、懂法、守法、用法。在此基础上，还定期为群众提供法律咨询，发现苗头和治安隐患及时制止。区划调整以来，全村没有发生一起刑事案件和治安案件。

第四节　2005 年门地 22 村村民委员会选举情况

2005 年是那曲县第五届村（居）委会换届选举工作年，也是门地 22 村进行的第三次村委会选举年。在那曲地区村（居）民委员会换届选举领导小组、地区民政局大力帮助下，在那曲县委、县政府的周密部署下，在那曲镇党委、镇政府及门地 22 村全体牧民群众的共同努力下，门地 22 村较好地完成了第五届村民委员会换届选举工作的各项任务，并实现了预期目标。

一　基本情况

门地 22 村是纯牧业村，全村共辖 5 个小组，总计 96 户、466 人。结合牧民居住分散、交通不便以及生产季节性

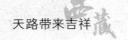

等实际情况，门地 22 村第五届村民委员会换届选举工作于
2005 年 6 月 20 日开始，8 月 10 日结束，历时 60 天。整个
选举工作经历了县级准备、乡级准备、提名村民委员会成
员候选人阶段、确定正式村委会成员候选人阶段、投票选
举阶段、妥善处理换届选举后新老班子交接和后续工作等
阶段。

在村民委员会换届选举工作中，门地 22 村第五届村民
委员会选举工作按照《那曲镇二十二村第五届村民委员会
选举方案》、《乡选手册》、村民自治的标准和相关法律、法
规，在确定选民人数后，广大牧民群众依法参与选举，通
过民主选举，村民根据自己的意愿，对 13 名村委会候选人
进行了投票选举，最终选出村委会主任（兼村党支部书记）
1 名，副主任 2 名，委员 2 名，当选人员的得票率都在 91%
以上。这次换届选举总参选率在 98% 以上。门地 22 村在这
次村选中，民主性、透明性很强，受到那曲地区、那曲县
民政局的表扬。新老班子交接和后续工作到位、完备，各
种规章制度健全。本届选举是门地 22 村保证人民群众直接
行使民主权利、全面推进城乡基层社会主义民主建设的又
一次成功实践。

二　主要做法

（一）精心组织、统一部署

（1）在深入分析、研究全村整体形势的基础上，制定
了切实可行的《那曲镇二十二村第五届村民委员会选举方
案》，明确了第五届村民委员会换届选举的工作要求、时间
安排、工作重点和主要措施，促进了选举工作有条不紊地

开展。

（2）建立了强有力的选举工作指导机构，成立了由党委、政府、人大、组织部、民政、工青妇、司法 7 部门组成的第五届村民委员会换届选举领导小组，形成了"党委监督、人大监督、政府实施、各有关部门密切配合"的工作机制。

（3）要求那曲镇党委、镇政府和门地 22 村党支部增强选举工作的责任感与使命感，把村委会换届选举工作纳入重要日程，门地 22 村党支部要充分发挥领导核心作用。

（4）为切实加强对基层的指导、督促、检查，那曲县建立了县领导包乡（镇）、乡（镇）领导包村、村党组织直接负责的工作格局。

（5）门地 22 村把宣传、动员工作贯穿于换届选举的始终，对这次选举的目的和意义进行了广泛宣传，深入动员，普遍采取了群众喜闻乐见的形式，通过张贴标语、办黑板报、进村入户等方式进行宣传，使这项工作基本做到了家喻户晓。

（6）那曲镇对门地 22 村村委会干部、村民代表、村民小组长进行了培训，宣讲换届选举工作的重大意义和有关法律、政策。

（二）严格程序，依法选举

选举阶段是整个换届选举成败的关键。为了保证门地 22 村的选举质量，那曲镇在具体工作中，重点把握好"四关"：（1）把握好门地 22 村村民委员会成员的推选关。门地 22 村通过召开村民会议或村民代表会议，按照那曲县委要求，把懂法律法规、讲原则、有威信的人员推选进入选举委员会。（2）把握好选民登记关。那曲镇在选举工作前期准备阶段，开展了调查摸底工作，了解门地 22 村村民委员会选民情况，做到了心中有数。（3）把握好提名候选人关。门地 22 村依照有关法律的规定，通过村民选举委员会召开提名会议的方式，由选民进行一人一票民主投票的方式，直接选出他们信赖的村民委员会的主任、副主任、委员候选人。候选人确定后，门地 22 村村委会在投票选举前张榜公布。（4）把握好投票选举关。按照那曲镇的投票方式，门地 22 村采取了中心会场投票、分会场投票、流动票箱投票、委托投票四种方式进行了投票。选举大会由选举委员会主持召开，实行了公开、直接和无记名投票，当场唱票、计票，直接选举出主任、副主任和委员。

第四章　门地 22 村的经济发展

畜牧业在门地 22 村处于基础性战略地位，其发展的兴衰成败直接决定着牧民收入水平和生活水平的提高。尽管门地 22 村的畜牧业已经有了一段漫长的发展历史，但以前主要是"靠天养畜"的粗放式经营方式。自从西藏和平解放以来，在党中央的正确领导下，在门地 22 村全体村民的共同努力下，畜牧业经济得到了较快的发展，畜牧产品的科技附加值、商品率、出栏率都有了很大程度的提高，为门地 22 村全面建设小康社会和建设社会主义新农村奠定了坚实的经济基础。

第一节　畜牧业

门地 22 村是典型的纯牧业村，牧民没有种植粮食作物，也没有种植经济作物，村民的畜牧业收入来源主要是畜牧产品，如牛毛、牛肉、牛绒、绵羊绒、羊肉、山羊绒等。因此，畜牧业在门地 22 村牧民的经济生活中扮演着非常重要的角色，不仅是其衣食住行的重要来源，也是其进行生产和再生产的重要生产资料。因此，畜牧业经济的发展水平对实现门地 22 村经济的跨越式发展和促进社会的长治久安具有重要的战略意义。

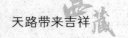

一 畜牧业条件

（一）气候

对门地 22 村畜牧业的生产条件来讲，气候是一种重要的因素，直接影响着畜牧业的生产和再生产。门地 22 村的平均海拔在 4500 米以上，太阳年辐射量普遍在 6280 兆焦耳/平方米以上，年日照时数 2800～3000 小时；门地 22 村的热量有限，大部分平均气温为 -4℃～4℃，最高气温可达 21.7℃～24.2℃，最低气温则达 -31.1℃～-41.2℃；年平均降水量为 180 毫米～640 毫米，主要集中在 6～9 月份，基本上占全年降水量的 80%～90%。门地 22 村气候寒冷干燥，冬长夏短，是典型的高原亚寒带季风半干旱气候，年平均大风日 150 天左右，整体气候条件恶劣，绝大部分草地干旱少雨，多大风，气压低，霜期长，一年中的无霜期绝大部分地区只有 4 个月左右。门地 22 村经常遭受风灾、霜灾、雪灾、雹灾等自然灾害，这严重影响了草场的承载能力，制约了草场的可持续发展。

虽然门地 22 村畜牧业生产的气候条件总体恶劣，但门地 22 村没有工业污染，土壤、空气、水等基本保持良好状态，天蓝、地静、水清、山奇，在这样的气候环境下，畜牧业生产完全符合绿色生产的条件，生产出来的畜产品全是"绿色产品"，无污染，无公害，这些气候资源对提高门地 22 村畜产品的科技附加值、扩大市场占有率、发展环境资源产业提供了其他地区所不可比拟的独特资源优势。

（二）草地

门地 22 村现有草场承包总面积 31257.6 亩，可利用草

场面积 30228 亩（见图 4－1）。其中新型铁丝网围栏面积
29968.33 亩，土石栏面积 259.67 亩。主要植被有高山篙
草、高山矮篙草、高寒垫状植被，主要种群以沙草科和禾
本科为主。门地 22 村的草场资源尽管丰富，但由于气候恶
劣，光、热、水、气搭配不均衡，资源利用率较低，导致
牧草生长低矮，载畜能力很低，使得草畜矛盾尖锐，很多
草场超负荷运转，再加上病、虫、草害给门地 22 村草场资
源造成了一定程度的破坏，草场的沙化、退化现象很严重，
这严重限制了门地 22 村草场资源生产效率的发挥。

图 4－1　草场资源（2007 年 8 月 1 日　王雪锋摄）

（三）畜牧业品种

门地 22 村畜牧业品种主要有牦牛、绵羊、山羊、马 4
个品种，主要以牦牛为主，马主要用于交通，截至 2006 年
末，门地 22 村共有牲畜 7919 头（只、匹），其中牦牛 2952
头、绵羊 3846 只、山羊 1020 只、马 101 匹。

1. 牦牛

牦牛为西藏当地品种，身体矮小健壮，毛长，色多黑，
身上兼有深褐色或黑白色花斑，尾毛蓬生，下腹、肩、腹

和肋等部位密生长毛，睡卧冰雪地上而不觉冷，多生长在海拔 3800 米以上的高山上，善驮运，为乳、肉、役兼备的优良品种（见图 4－2）。

图 4－2　畜牧业发展（2007 年 7 月 31 日　王雪锋摄）

2. 绵羊

绵羊主要以草地型藏系绵羊为主，属肉毛兼用型，体质结实，结构匀称，胸深宽，尾呈锥型，瘦小，筋腱发达，毛色以躯白色为主，其他部位多为黑色或褐色（见图 4－3）。

图 4－3　臧绵羊养殖（2007 年 7 月 31 日　王雪锋摄）

3. 山羊

山羊主要以藏系山羊为主，属长毛有绒羊，全身披毛粗长，毛色以白为主，兼有黑、褐、青等颜色，有长须，有长而卷的额毛，四肢强健，行动敏捷，善于高攀采食，耐寒，耐粗食，适应性强。

4. 马

马属于青藏高原马种系列，是中国良种马之一，体格较大，体质结实，结构匀称，眼大小适中，耳长，监听灵活，四肢结实有力，毛色以褐色为主，黑色次之，属兼用偏挽型，成年马挽力达 410 公斤。

二　土地制度变迁

土地是农民进行生产最基本的生产资料，也是维护农村稳定最重要的生产要素。土地所有权的每一次变革，都会对农村经济产生重要的影响。从国内和西藏自治区内的每一次土地制度变革的实践可以看出：当土地制度的变革适应当时的生产力发展水平，顺应历史的发展趋势，符合最广大人民的根本利益时，农村生产力就会得到解放，农民的生活水平就会得到很大程度的提高；反之，就会阻碍农民积极性的发挥，严重制约农村生产力的发展。从唯物史观的角度出发，可把西藏和平解放以来门地 22 村的土地制度变迁划分为以下几个阶段。

（一）西藏和平解放以来的土地制度变迁

西藏和平解放以前，草场归三大领主所有。1959 年西藏民主改革彻底废除了"政教合一"制度和寺庙的封建特权，使百万农奴得到了解放，真正成为土地和其他生产资料的主人。这种根本性的变革，使西藏真正意义的个人所有制基础上的农牧区家庭经营形式得以确立。

1965～1975年，门地22村进行了社会主义改造，试办人民公社，走牧业合作化道路。门地22村从本村的特殊实际出发，认真贯彻自治区制定的"牧区三十条"，坚持"慎重稳进"的方针，基本上遵循了自愿互利、典型示范和国家帮助的原则，实现了从季节性互助组，发展到常年互助组，继而发展到半社会主义的初级牧业生产合作社，顺利实现了向社会主义性质的牧业生产合作社的过渡。在这一阶段，门地22村的土地制度把牧民个体所有制转变成牧民集体所有制。把牧民的个体、私营经济，通过人民公社这一组织形式，转变为牧民集体经济。

改革开放初期，门地22村在畜牧业上实行加强经营管理，生产队对畜群作业实行定产、定工、超产奖励的"两定一奖"制度；分配上实行兼顾国家、集体、个人利益的原则。从此以后，门地22村的牧民在生产发展上有了一定的自主权，自留畜逐渐发展起来，并开始逐步实行家庭联产承包责任制。

自1980年中央召开第一次西藏工作座谈会以后，门地22村按照中央给予西藏的特殊优惠政策，第一次实行"放、免、减、保"的四字方针，制定了一系列休养生息、治穷致富的政策。直到1984年中央召开第二次西藏工作座谈会，会上确立了加快牧区经济体制改革的步伐，在坚持草场公有制的前提下，实行"牲畜归户，私有私养，自主经营，长期不变"的政策，并根据自治区确立的"以草为业，草业先行"的方针，把草业建设摆放在发展畜牧业的首位，根据这一精神，门地22村对草场尤其是冬春草场实行建、管、保、用责任制，把任务落实到自然村、联户和户。到 1984 年末，全村基本上实行了"两个长期不变"的家庭经营制。尽管实行牲畜承包到户，私有私养，对调动群众积极性发挥了重要作用，但随着门地 22 村生产力的不断发展，改革的力度不断深化，畜牧业生产中最大的生产资料——草场仍吃"大锅饭"，造成草场产权不清晰，出现了"公有地"的悲哀，这在一定程度上导致了贫富差距逐渐拉大，主人翁意识淡薄。为了解决这一矛盾，2003 年，门地 22 村认真贯彻执行自治区制定的"草场承包到户"决策。

（二）土地承包情况

门地 22 村实行草场承包的具体做法是：草场承包主要按人口数进行分配，按人畜 7：3 的比例进行分配，按 1 头牛折合成 5 只羊、1 匹马折合成 10 只羊的标准，都折合成"羊"的只数进行统一分配。生产能力高、产草量高的草场实行分配，生产能力低的草场（一般是沙地、湖泊周围）可以自由放牧。一般是 1 个人平均分到 60 亩草地，1 只羊平均分到 0.4 亩草地。在把草场分到各户之后，也有把各家草场合作起来进行放牧的。最多的是 11 户一起放牧，一般都是 2~3 户、3~4 户，没有一家一户单独承包放牧的。虽然是几家在一起承包，但户间存在的矛盾不大，因为牛羊数量多的牧户要按 1 头牛折合成 5 只羊、1 匹马折合成 10 只羊的标准，为折合成羊的数量少的家庭按 1 只羊 5 分钱/天进行补偿，1 年结算一次。

（三）土地租佃情况

目前门地 22 村尚没有草场出租现象。因为该村主要以

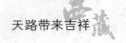

牧业为主，搞副业经营的不多，只有几个经商的，主要在离该村只有 10 公里的那曲镇开茶馆、饭馆、商店，他们的经营方式主要是既不离土，也不离乡。至今，门地 22 村还没有出现把草场使用权租赁给他人使用的现象。

（四）建设征地情况

门地 22 村共有 5 个组，分别坐落在火车站周围。那曲火车站站前的征地补偿标准主要是按照草场损失的比重、人口数量及所养牲畜的比重，按人畜 7∶3 的比例进行补偿，牲畜按 1 头牛折合成 5 只羊、1 匹马折合成 6 只羊的标准进行折算，进行合理分配。门地 22 村总补偿金额为 4236346 元，其中含扶贫牧场（30 亩）地的所得金额 55100 元，因此，实际总补偿金额为 4181246 元。在此次补偿中，门地 22 村对没有经过有关土地部门审批、私下进行非法土地买卖的 36 户，扣除私下进行非法土地买卖所得的非法款项，合计 366000 元，又考虑到门地 22 村 2 组旺姆属于五保户，欠款 9000 元，目前无法扣除。因此，实际扣除非法款项为357000 元。

三 改革开放以来发展畜牧业的措施

畜牧业是门地 22 村社会经济发展的基础。1978 年以前，该村的畜牧业建设内容少，规模小，只搞传统的本地品种选育，草场实行土石围栏建设等一些粗放式经营方式。改革开放以来，该村畜牧业的基础设施建设从无到有，从小到大，不断加大对畜牧业的投入力度，畜牧业基础设施建设的力度不断加强，在门地 22 村先后进行了人工种草、围栏建设、游牧民定居、畜棚畜圈、交通能源和水利设施

表4-1　那曲火车站前征地补偿费数据汇总

单位：元、只、人

总补偿金额	组	占总金额		人数	组总金额的70%		折羊数	组总金额的30%		牲畜平均金额		人均金额
总补偿金额 4236346元	一组	占总金额的7.5%	313593.45	96	1组总金额的70%	219515.42	4027	1组总金额的30%	94078.04	性畜平均金额	23.37	2286.62
	二组	占总金额的7.5%	313593.45	98	2组总金额的70%	219515.42	2966	2组总金额的30%	94078.04	性畜平均金额	31.72	2236.96
	三组	占总金额的10%	418124.6	73	3组总金额的70%	292687.22	3556	3组总金额的30%	125437.38	性畜平均金额	35.28	4009.42
	四组	占总金额的37.5%	1567967.25	115	4组总金额的70%	1097577.08	6368	4组总金额的30%	470390.18	性畜平均金额	73.87	9544.15
	五组	占总金额的37.5%	1567967.25	84	5组总金额的70%	1097577.08	3361	5组总金额的30%	470390.18	性畜平均金额	139.96	13066.4
	五组合计		4181246	466		2926872.2	20278		1254373.8		61.86	6280.85
	扶贫牧场30亩		55100									
	总合计					4236346						

注：1）总补偿金额为4236346元，其中含扶贫牧场（30亩）地的所得金额55100元，因此，实际总补偿金额为4181246元。2）4181246元是我们按照草场损失的比重及所养性畜的比重利人口，进行了合理分配。3）在此次补偿中，我们对没有经过有关土地部门审批，私下进行非法土地买卖的36户，将扣除私下进行非法土地买卖所得的非法款项，合计366000元，又考虑到二组旺姆属于互保户，所欠款9000元，目前无法扣除，因此，366000-9000=357000（元），实际扣除非法款项为357000元。

资料来源：那曲镇人民政府对火车站前各村征地补偿汇总表。

等一批基础设施建设，不断增强门地 22 村畜牧业生产抵御自然灾害的能力。这些措施对门地 22 村的畜牧业走上商品化、产业化、科技化的可持续发展的良性轨道起到了基础性的保障作用。

草场是门地 22 村发展畜牧业的重要生产资料。若把草场资源当做资本运营好，必然会产生良好的经济效益、社会效益和生态效益。为了有效地保护草场，建设好草场资源，门地 22 村实施了一系列的具体办法。

1. 修建围栏

修建围栏是维护草场的重要措施之一。其做法主要是提高畜草产量，为牲畜过冬度春提供来年更好的饲料来源。门地 22 村最早用草皮和石头当做围栏的原料，堆砌成高约 1.5 米、底宽 1 米左右的上窄下宽的墙体，呈长方形，主要是阻止牛、羊进栏啃食，让草场得以休养生息。现在，在政府的大力支持下，开始使用带刺的钢丝和水泥柱做成网围栏。这种做法可以使草场避免牲畜的践踏，给草场提供更多的生长空间。据测算，这一措施可使年产草量增加 30% 左右。

2. 草场鼠害、虫害防治

破坏草场最为严重的是啮类动物，危害最大的是高原鼠、兔。它们既食草，又破坏草场。据我们调研发现，在以鼠洞穴为圆心、半径 15 米以内的土地上，形成的是寸草不生的"黑土滩"，这严重影响了土地的生产能力。门地 22 村以前主要用药物、生物办法灭鼠。该村曾试点按照 0.02%、0.05% 和 0.07% 三种不同浓度的高效、低毒灭鼠剂——特杀鼠 2 号配制青稞毒饵，进行科学化灭鼠，效果良好，即使是最低浓度的毒饵，其灭鼠效果也达到 90% 以上，而且对周围环境及牲畜非常安全，未发生二次中毒现象。草原毛虫对门地 22 村的草场也有很强的破坏作用，凡被毛虫吃过的牧草逐渐变黄、枯萎，直至死亡。以前该村主要使用敌百虫和 666 粉杀灭草原毛虫，现在推广使用了生物杀虫剂 1313 进行灭虫，该药剂安全可靠，不污染草原，有效率达到 80％ 以上。

3. 优化畜群结构，引进优良品种

目前门地 22 村以市场为导向大力调整畜群、畜种结构，把牲畜存栏总数控制在理论载畜量的饲养范围之内。2006年门地 22 村牦牛、绵羊、山羊、马的内部组成结构比例是 37％∶49％∶13％∶1％。依据经济价值和市场走向，那曲镇牲畜搭配的合理结构牦牛、绵羊、山羊、马比例应为 25％∶44％∶30％∶1％。从比较中可以看出，门地 22 村牦牛所占比重较大，应采取减少牦牛、适当发展山羊的方针。除此之外，门地 22 村还积极对优良品种进行选育、保护和推广，积极引进嘉黎"娘亚"牦牛、安多"多玛"藏系绵羊等品种，来提高牲畜生产能力。

除上述发展畜牧业措施外，门地 22 村正立足于该村的实际情况，按照"以牧为主，草业先行，多种经营，全面发展"的方针，坚持以户为单位、以草为重点、以封育恢复植被为手段的建设方式，因地制宜地搞好人工、半人工草地，以及饲草料生产基地建设、缺水和季节性草场的开发建设，不断加大从以往的以"牲畜头数"来衡量的数量型畜牧业，向"围着草场转"的质量、效益型畜牧业转变的力度。

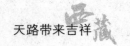

四 2006 年门地 22 村畜牧业经济的收支情况

(一) 畜牧业收入的内部结构

畜牧业是门地 22 村经济收入来源的重要基础，其收入的高低对门地 22 村农牧民的生活水平起着决定性作用。2006 年，畜牧业收入占该村总收入的 35%（见表 4 - 2），其中畜牧业收入来源按贡献率大小排序依次是：牛肉、山羊肉、绵羊皮、奶制品、牛皮、牛绒、山羊绒、绵羊毛、山羊皮、牛皮、山羊毛等。

表 4 - 2 2006 年门地 22 村牧民收支情况

单位：元

	总收入	其中：畜牧收入	其他收入	总支出	纯收入	人均纯收入
22 村	2044524.9	721602.9	1322922	449724.9	1594800	3600

资料来源：那曲镇（2006 年）门地 22 村基本情况统计报表。

门地 22 村农牧民的人均纯收入是 3600 元，而西藏全区农牧民人均纯收入 2006 年为 2350 元，可以看出，门地 22 村农牧民的人均纯收入处于西藏全区的中上等水平。

(二) 劳动力投入情况

2006 年门地 22 村有实际劳动力 220 人，其中，男 105 人，女 115 人，男女劳动力性别比为 1∶1.1。其中上过学的 6 人，占劳动力总人数的 2.7%。从中可以看出，门地 22 村劳动力中文盲、半文盲所占比重相当大，整体村民的科学文化素质很低，为门地 22 村畜牧业经济的跨越式发展带上了无形的"枷锁"。2006 年门地 22 村现有劳动力的具体分工是：从事畜牧业的有 190 人，占劳动力总人数的 86.4%；

从事运输业的有 20 人，占劳动力总人数的 9.1%；从事商业的有 10 人，占劳动力总人数的 4.5%。

五 发展门地 22 村畜牧业存在的主要问题

畜牧业是受自然风险和市场风险双重影响的弱质产业，要发挥出畜牧业的规模效应，实现产业化经营，必须正确处理好草畜、人畜矛盾，实现人口、资源、环境三者的协调发展，以便最大限度地发挥出草场固有的经济效益、社会效益和生态效益。

（一）草畜矛盾尖锐

由于门地 22 村地处高海拔地带，受高原气候的影响，大部分草场生长周期短，牧草低矮，产草量极低。再加上很多农牧民受传统思想观念的束缚，单纯追求牲畜的数量，往往以牲畜的头数作为衡量财富的重要标准，还有受宗教教规教义的影响，惜生、放生现象仍然存在，导致牲畜出栏率很低。2006 年门地 22 村牲畜出栏率仅为 28.6%，而整个那曲镇的牲畜平均出栏率为 40.3%，这在一定程度上延缓了从传统畜牧业向质量、效益型畜牧业转变的进程。再加上门地 22 村很多草场受鼠害和虫害影响，草场退化、沙化严重。尽管那曲镇规定：按照 1 头牛折合成 5 只羊、1 匹马折合成 10 只羊的标准进行换算，若每户所有的牲畜超过规定的标准，每只羊每年征收 2 角，每头牛每年征收 1 元，每匹马每年征收 2 元，所收费用由村委会保管，用于草场管理与建设费用。虽然这在一定程度上对牲畜的数量起到约束作用，但在总体上门地 22 村牲畜总量仍然超过该村的草场理论承载量，草畜矛盾仍很尖锐。

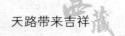

（二）自然灾害频繁，抗灾能力弱

门地 22 村地处藏北高原，雪灾是门地 22 村畜牧业生产面临的最大灾害，被称为"白色恐怖"事件。除此之外，该村还经常受到风灾、冰雹、旱灾等自然灾害的影响，根据气象部门统计，该村灾害年年有，平均每 3 年一小灾，5 年一中灾，10 年左右一大灾。由于改良草场和人工草场等草场管理、建设、维护跟不上畜牧业的发展要求，冬春季饲料储备不足，一旦重大灾害来临，牧民常常把人的食物拿给牲畜吃，经常导致牧民处于"贫"、"富"的摇摆之中。据我们对乌提自然村 60 岁的次仁多吉老人的采访得知，该村每年公历 11 月份左右至来年 4 月份，雪灾非常严重，严重时牲畜死亡不计其数，放牧人的脚会冻伤，眼睛会冻瞎，经常循环受灾，当年好一些，次年就会受灾。

（三）牧民思想观念与现代市场经济要求不相适应

据我们调研发现，门地 22 村的贫富差距很大，富裕户大多是思想较活跃，具有商品观念、市场意识、敢闯敢干的人。门地 22 村的致富能人有 3 位，分别是：次仁多吉，从事畜产品交易，现有资金 50 万元；索南聂扎，从事畜产品交易，现有资金 40 万元；吾琼，从事畜产品交易，现有资金 20 万元。而贫穷户主要是牲畜少、在家没事干的人。从这一明显比较中我们体会颇深，即要想使门地 22 村畜牧业走上商品化、产业化之路，必须进一步解放牧民的思想观念，运用典型示范带动作用，使广大牧民群众逐步摆脱商品经济观念不强、市场经济意识淡薄、轻商、鄙商等传统思想观念的束缚，使牧民逐步认识到"解放思想，黄金万两；观念更新，万两黄金"的重要意义。只有广大牧民群众思想大解放，把畜牧业当做大产业来看待，把草场当做增殖的资本来看待，重视它的再生性，才能更好地实现门地 22 村畜牧业经济的跨越式发展。

（四）畜牧业科技含量不高，技术人才严重缺乏

据我们对那曲县科技局尼扎局长的访问得知：目前牧区畜牧兽医人员不缺乏，主要缺乏具有科学养殖方法的技术人员。再加上攻关畜牧业的科技项目难度大、周期长，究其原因主要有：一方面，国家资金到位进度缓慢，科技人员缺乏，科研设备较差（现在那曲县农牧局没有实验室）；另一方面，还要做牧民的思想工作，因为他们对新生事物有害怕心理。这诸多困难导致了门地 22 村畜牧科技发展速度呈现出"鸭行鹅步"式前进的局面。虽然那曲镇每年都在门地 22 村宣讲畜牧科技知识，如草原三灭（灭虫、灭鼠、灭毒草）、退牧还草工程（主要是退牧、休牧，按照草原面积与牲畜数量的比例进行规定头数）、科技普法等科技项目。但是门地 22 村目前仍没有摆脱传统的畜牧业之路，尤其是畜产品的品种大多是传统品种，严重制约着门地 22 村畜牧业生产效率的提高。

第二节　畜牧业产业化经营

畜牧业产业化经营是指以市场为导向，以畜户为基础，以龙头企业为依托，以经济效益为中心，以系列化的服务为手段，通过实施种养加、产供销、畜工商一体化经营，

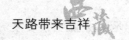
将畜牧业再生产过程的产前、产中、产后诸多环节连接成为完整的产业系统。这里的"龙头"企业，是一个总体概念，既包括公司，也包括合作经济组织、农牧民协会、专业市场等。

一 门地 22 村实施畜牧业产业化经营的优势条件

（一）区位优势

门地 22 村位于青藏公路右侧，距那曲镇 10 公里左右，距那曲火车站西南方向 2 公里，交通便利，是通往圣地拉萨、格尔木、那曲县的必经之路，是人流、物流、信息流的交通要道。尤其是那曲火车站的开通和那曲物流中心的兴建，将产生巨大的辐射能量，对振兴门地 22 村畜牧业经济、促进各项社会事业的快速发展，起着较强的辐射带动作用。便利的交通条件将有利于畜牧产品的物资运输、信息交流，为畜牧产品的市场开发和加大招商引资的力度打开了方便之门。

（二）市场优势

由于门地 22 村地理位置接近那曲县，而那曲县不仅是西藏的北大门、连接自治区内外的重要窗口，而且那曲县又是那曲地区行署所在地，是藏北的政治、经济、文化和交通中心，那曲县和地区行署同处一地，人员密集，需求和消费旺盛，那曲地区其他县的物资供应几乎全部从那曲县购置，使那曲县成为物资集散地中心，市场空间很大。

（三）绿色畜牧产品优势

门地 22 村平均海拔 4500 米以上，空气、土壤、水体没有任何污染，蔚蓝的天空，清澈的河流，被称为世界上唯一一片净土。在这样的自然生态环境下，从事牧业深加工，走牧业产业化道路，生产出来的畜牧产品全是"绿色食品"，具有无污染、无公害特性，这些绿色畜牧产品具有独特的竞争优势，在国内、国际市场上具有较强的竞争力。随着改革开放的不断深入，广大人民群众在解决温饱之后，将更多地关心身体的健康，对绿色食品的需求将会大幅度增长，因此市场潜力很大。

（四）人口总量少的优势

门地 22 村共拥有草地面积 3 万多亩，地域面积大，而人口只有 400 多人，人均资源占有量大，人均经济增长空间大，经济发展的潜力和后劲充足，实现社会经济跨越式发展的后发优势相当明显。虽然门地 22 村人口总量少，但劳动力较密集，仅从事畜牧业的就有 190 人，再加上单纯的畜牧业对劳动力的"吸纳力"不强，实际上在门地 22 村还有很多剩余劳动力，这为发展劳动密集型的畜产品深加工发挥着"蓄水池"的作用。

（五）政策优势

自西藏和平解放以来，民族区域自治政策的灵活运用，为门地 22 村的经济社会发展奠定了基础。尤其是中央第三次、第四次西藏工作座谈会的召开和国家实施西部大开发战略以及青藏铁路的通车，中央、兄弟省、市援藏力度的

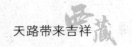

重心下移，偏向农牧区，这为门地22村的经济发展提供了重要的外在保障；再加上那曲地区行署、那曲县人民政府由"输血型"扶贫向"造血型"扶贫转变，通过项目扶贫来给予资金、政策的支持；等等。总之，门地22村发展畜牧产业化经营的政策优势是国内其他省、市、区（县）所无法比拟的。

二 门地22村畜牧业产业化经营的发展状况

针对门地22村发展畜牧业产业化的优势，2004年那曲县人民政府和那曲县农牧局立足那曲实际，针对酥油、酸奶等乳制品市场紧缺、供不应求、开发潜力大，并且牧民家家能生产、人人会制作的现实，积极向上级部门反映情况，并争取资金投入，联合那曲镇门地办事处组织实施了那曲县门地奶制品加工销售示范点（见图4-4）。

该奶制品加工销售点始建于1997年，在那曲县有关单

图4-4 那曲县那曲镇奶制品加工销售点门面

（2007年7月31日 王雪锋摄）

位的扶持下，2004 年争取到 70 万元的城郊畜牧业项目资金进行了规范和扩大。该奶制品加工厂现占地面积 800 平方米，硬件建设主要包括：房屋建设 100 平方米，房前道路绿化 300 平方米，购买真空包装机、封口机、冰箱、消毒柜等设备，现拥有周转资金 6 万多元，职工 30 多人，技术人员 5 人，该项目自实施以来，带动周边贫困牧民群众入股户数从最初建厂时的 150 户发展到现在的 1000 多户。

　　该奶制品加工销售点的负责人是门地 22 村村民次仁多吉，他头脑灵活，市场意识较强，瞄准酸奶市场供不应求的时机，充分发挥藏北羌塘草原海拔高、牧草含丰富蛋白质及多种微量元素的天然优势，生产的奶制品（主要是鲜奶、酸奶、奶渣等副食品）具有抗缺氧、易消化、减轻疲劳的功能，利用"羌牛"牌注册商标，把门地 22 村的畜产品收集过来进行加工（见图 4－5），通过这一组织形式拓宽了牧户的增收空间，参与牧户年均可增收 400 元左右。这种以能人带动为依托的牧民合作经济组织，对调整畜产品

图 4－5　奶制品生产（2007 年 7 月 31 日　王雪锋摄）

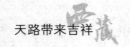
结构、搞活流通、促进牧民增收、带领牧民脱贫致富、实现牧业产业化，起着重要的桥梁和纽带作用。

三　门地 22 村畜产品产业化经营的效益分析

该村奶制品加工销售点，以产品销售为市场导向，以能人带动为依托，其辐射功能不仅限于本村，对周边乡、镇也起到了很强的带动作用，不仅为群众带来了实实在在的经济效益，也带来了显著的社会效益和生态效益。

（一）经济效益

该奶制品加工销售点带动了周围那曲镇、罗马镇和古露镇 1500 多户牧民的奶业发展，按照夏季 6 元/斤、冬季 8 元/斤的价格向周边群众收购鲜奶等原材料，年收购量达 72000 斤左右，固定供应群众约 1000 余户。从建设至今，该奶制品加工销售点年收入平均 60 余万元，参与牧户年均可增收 400 元左右，该项目点在仁毛、德吉各设一个销售点，同时解决了当地 6 名贫困群众的就业问题。

该奶制品加工销售点的组建有效提高了畜产品的附加值。该项目建设前，10 斤鲜奶只能提取 1 斤酥油，产值 20 元，经过第一次改进传统生产方式，变成桶装后，每 10 斤鲜奶实现销售价 70 元，增加附加值 50 元，第二次改良通过进一步提高生产方式和产品卫生条件，10 斤鲜奶实现销售价 130 元，增加附加值 110 元。

该销售点的组建有效地解决了牧民群众畜产品的销售难、无市场的实际问题，为群众开辟了有效的增收渠道，为当地群众多栽了棵"摇钱树"，这在一定程度上促进了牧民收入的增加和生活水平的提高。

（二）社会效益

该奶制品加工销售点最初是由自治区扶贫办、环保局对口帮助的，其主要目的是由"输血型"扶贫向"造血型"扶贫转变，通过项目带动牧民脱贫致富，2004 年该项目由门地 22 村村民次仁多吉负责。在此之前，该点主要向扶贫户发放扶贫求助款，向贫困学生发放助学金，帮助扶贫户建房，等等，每年都以不同的方式为贫困群众提供帮助，帮助贫困群众解决温饱问题，这在一定程度上保障了社会稳定。

该销售点的组建打造，构建了"小规模、大市场"牧业产业化的雏形，为牧业市场化、产业化发展奠定了坚实的基础，而且，该加工点在很大范围内带动和辐射了周边县、乡，成了"万村千乡搞市场工程"的发展方向，在那曲首创了对奶制品加工提升的商品运作模式，有力促进了传统畜牧业的改造提升步伐，有效提升了产品的附加值。通过群众的广泛参与，牧民的思想观念得到进一步转变，提高了广大群众的商品意识、市场意识，增强了他们对自身产品的自信度，提高了他们对通过发展牧业奔小康的自觉性和主动性，从而为建设社会主义新农村和构建小康社会、和谐社会指明了前进的方向。

（三）生态效益

该奶制品加工销售点促使群众转变传统的靠天养畜、靠天吃饭的落后思想观念，在一定程度上减轻了以往草畜矛盾尖锐的问题，保证了草畜的合理发展，为草原生态向良性发展提供了有力的保护，在总体上体现了人与自然环

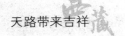

境和谐发展的原则。

四　门地 22 村畜牧业产业化经营中存在的主要问题

门地 22 村畜牧业产业化经营存在的问题如下：产前、产中、产后三者的关联程度不高，"龙头"企业的带动作用不强，产权关系松散，生产、加工、销售的内在协调性亟待提高。畜牧业产业化经营的产前工程较薄弱，虽然政府实施了母畜工程、奶牛工程、牦牛育肥工程，但群众参与热情不高，害怕风险，导致畜牧业产品出栏率不高，生产周期长，草肉转化率低，经济效益不高；产中主要是畜牧产品的科技含量不高，虽然经过两次技术改进，但在技术设备上传统的生产工艺仍占主要成分，技术创新人才严重缺乏，在软、硬件设施上与大规模的奶制品加工企业是无法相比的；产后服务也存在不畅现象，主要是指奶制品加工销售后市场营销的渠道不健全，没有形成网络化的格局，缺乏对本产品系统的 SWOT 分析（即产品的优势、劣势、发展的机会与威胁的分析），对本产品的价格、分销、促销缺乏完整的定位，品牌优势尚没有充分发挥出来，产品的市场占有率和市场增长率有待进一步提高。

五　今后的发展思路

（1）随着奶制品的市场需求量不断提高，奶类的消费量呈逐年增加的趋势，消费的品种、层次都不断上档次、上规格，从鲜奶到消毒奶、酸奶等，奶业生产的前景非常广阔。因此，门地 22 村奶畜产品加工销售点必须以市场为导向，以科技为支撑，以资金为纽带，抓住大好发展机遇，进行奶制品的升级、更新换代，建立顺畅、便利、经济的销售网络，建立专门的品牌，实施品牌延伸战略，增加奶制品的产品类别，进行商品化销售，实施好母畜工程、牦牛育肥工程、奶牛工程等特色产业建设工程，全力为牧区群众建立长期稳定的增收渠道。

（2）巩固成果，扩大战果。还要继续扶持和鼓励牧业合作经济组织发展的带头人、引路人和经纪人，整合民间资金，推进民间投资步伐，发挥优势，发展特色经济，加强流通渠道建设，巩固享有畜产品流通示范点和相关产业链建设的成果，扩大牧区市场商品经济发展成果，加强示范点的管理和日常经营建设，加强产品质量和卫生建设，推进品牌建设，增强其辐射和带动作用，逐步形成网络化发展格局，形成产业，实现畜牧产品的规模化发展。

（3）发展区位优势。紧紧抓住门地 22 村依靠那曲镇的地理优势，依托黑狮、黑昌、青藏公路和青藏铁路，加大整合资源、资金和加快小城镇建设的步伐，推进沿路经济带基础设施建设，完善牧区市场流转体系建设，健全畜产品流通渠道和流通体系。

（4）加大对牧民群众的培训力度。通过多种渠道加大对基层乡村干部的培训工作，加大对牧民经纪人、带头人、领路人的培训工作，努力建设一支能够多出思路和举措，敢想、敢干、敢为人先，能够带领群众发家致富、奔小康的基层干部队伍和牧民经纪人队伍。

第三节 社会主义新农村建设

农牧民安居工程是西藏社会主义新农村建设中的重大举措，既是为民谋利的"民心工程"，更是构建和谐西藏的

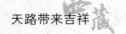

"保障工程"和促进西藏社会长治久安的"稳定工程",是一项涉及千家万户、功在当代、利在千秋的系统工程,是一项民心工程、德政工程和政治工程。

一 那曲镇在门地 22 村实施安居工程的具体工作措施

(一) 走村串户,宣传安居工程的动员工作

为使安居工程真正深入民心,得到牧民群众的广泛支持和拥护,激发群众参与安居工程的热情,使牧民真正体会到中央对社会主义新农村建设的重视力度,那曲镇从 2006 年 3 月开始,先后组织两批安居工程建设宣传组,对安居工程建设的重要性及必要性在门地 22 村做了广泛的宣传。通过广泛宣传,深入发动群众,不仅激发了牧民群众建设社会主义新农村的积极性,而且有力地推动了安居工程的顺利实施,形成了上下同心、齐心协力、按时保质保量完成安居工程任务的良好氛围。

(二) 群众自愿,因地制宜,合理规划

那曲镇专门成立了安居工程领导小组,领导小组多次到门地 22 村调查了解,在广泛征求群众意见的基础上,为门地 22 村制定了安居工程的实施方案,总体规划既体现了民族特色、地域特色、时代特色与门地 22 村牧民群众的风俗习惯和居住习惯,又把保护环境资源和适度集中的发展战略进行了有效结合。在规划设计上,那曲镇人民政府结合门地 22 村实际,并根据牧民群众的不同需求,由地区安居办将设计的安居工程效果图及施工图印成参考图集,分

发到门地 22 村供牧民群众选择，在户型设计上体现了方便、实用，具有浓郁的民族特色（见图 4-6～图 4-11）。

（三）制定优惠政策，保证资金到位

2006 年，门地 22 村一共有 96 户，其中 21 户实行了安

图 4-6 门地 22 村村民居住环境（2007 年 7 月 31 日 王雪锋摄）

图 4-7 门地 22 村村民居住情况（1）

（2007 年 8 月 1 日 王雪锋摄）

图 4 – 8　门地 22 村村民居住情况（2）

（2007 年 7 月 31 日　王雪锋摄）

图 4 – 9　门地 22 村新建设的房屋（2007 年 7 月 31 日　王雪锋摄）

图 4 - 10　那曲镇门地 22 村安居工程
(2007 年 11 月 20 日　王雪锋摄)

图 4 - 11　安居工程户 (2007 年 7 月 31 日　王雪锋摄)

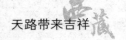
居工程，政府规定：人口多的牧户，一家不少于 80 平方米；
人口少的牧户，一家不少于 60 平方米。为积极支持牧民安
居工程建设的力度，使牧民群众有足够的经济后盾建设安
居工程，同时为了切实减轻群众负担，那曲镇人民政府采
取以政府为主导、公助自筹的方式落实并保障了各项工程
建设资金。政府对每户补贴 1.5 万元，没有直接发放给牧户
资金，而是以提供木材、建筑材料的方式补助给用户。除
政府补助外，不足部分以牧户自筹、银行贷款、劳务投入、
援藏支持等形式解决。牧民可凭持有的"牧户贷款证"（包
括金卡、银卡、铜卡）到银行贷款，金卡可贷款 2 万元，
银卡可贷款 1 万元，铜卡可贷款 5000 元。盖房子所借款项
可以分 3 年还清，不收利息，若贷款超过 3 年的，超过年限
的贷款利息，地区财政将不予承担贴息，利息原则上由牧
户自行承担。

二　安居工程建设存在的问题

门地 22 村牧民在实行定居后，新建房或房屋周围没有
卫生间。饮水设施欠缺，5 个小组中只有俄玛迪格村饮水主
要来自井水，其他 4 个小组饮用的主要是河水。虽然在乌提
村建了一个蓄水工程，但里面的设施已经很久没有利用了，
导致人畜饮水尚没有完全分开（人主要饮用的是上游水，
牲畜主要饮用的是下游水）。

在安居工程中，也存在着不切实际的超前消费现象，
曾出现过居住豪华而生活却十分困难的"奇怪"现象（见
图 4-12~图 4-15）。据我们在俄玛迪格村调研得知：安居
工程建设最好的户——卓玛家建房总投资 12 万元，有 6 口
人，共有 5 间水泥房，还建有一个带有围栏的大院，家中拥

有 1 台小鸭牌电冰箱、1 台 32 寸的长虹大彩电，家具齐全。
但令我们深思的是，卓玛家年总收入只有 1 万多元，有牦牛
48 头、绵羊 30 多只、山羊 9 只，除此之外，没有其他收入
来源，再加上安居工程建设欠银行贷款 2 万元，生活过的很
拮据，出现了生活设施与生活水平不相符的现象。

图 4－12　门地 22 村村民家具设备（2007 年 8 月 1 日　王雪锋摄）

图 4－13　门地 22 村村民室内一角（2007 年 8 月 1 日　王雪锋摄）

图 4 – 14　门地 22 村牧民家里的彩色电视机
（2007 年 7 月 31 日　王雪锋摄）

图 4 – 15　门地 22 村牧民家庭设备（2007 年 7 月 31 日　王雪锋摄）

根据当地风俗，房屋建成后，要请亲朋好友来庆祝，花费一般在 4000 元左右，主要招待品有人参果、糖、酥油茶等，本来就不富裕的牧民，再加上一顿大吃大喝，一年下来牧民就没有余钱，有些牧户只能靠借债度日。

第四节　扶贫救济

2002 年以前门地 22 村拥有 3 个自然村，当时没有特困户，只有 1~2 户贫困户；2002 年门地 22 村经过改制，现有 5 个组。截止到我们调研时，全村有贫困户 10 户，其中特贫户 7 户，该行政村的贫困户主要集中在乌提多玛村。

一　划分贫困的标准

门地 22 村的贫富程度主要以羊的数量来衡量。按 1 头牛折 5 只羊来计算，平均每人 25 只羊以下属贫困户，10 只羊以下属特困户，100 只羊以上属富裕户，25~100 只羊属中等户，每人达到 25 只羊就算已经脱贫。

二　门地 22 村贫富差距状况

根据我们发放的 50 份调查问卷统计结果显示：98% 的牧户认为该村贫富差距很大。据我们对俄玛迪格村最富裕的牧户——扎央家的走访调研得知，他家有 112 头牦牛、213 只绵羊、55 只山羊；而俄玛迪格村最贫穷的户——次央巴姆家，有 8 口人，其中一位是老年残疾人，一年政府补贴600 元，家中有牦牛 30 头、绵羊和山羊共 33 只，自己家没有房屋，住的是修筑青藏铁路时修路工人曾经住过的房屋；而乌提多玛村贫穷户——多琼家有 4 口人，一对夫妻，2 个

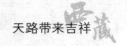

孩子，家中除了畜牧业收入外，没有任何其他收入来源，拥有牦牛 8 头、绵羊和山羊共 54 只，年收入 2000 元左右，而年支出需 4500 元左右，资金不够用，只能向周围亲朋好友借债来维持生活。

门地 22 村有五保户 2 户，共 2 人。全体村民每年向五保户捐献牛羊肉、酸奶、酥油、奶渣，现在国家给五保户补助的标准为每月 120 元左右，每个自然村在每年秋季（大约藏历 10~11 月左右）给五保户发放酥油 24 斤、奶渣 36 斤、肉 120 斤、牛粪 180 袋，每年给 1 次。除此之外，该村采取的扶贫方式也有贫困户向富裕户讨要些牛羊的，该自然村有发放给贫困户牛羊的，其他自然村也有发放给该村贫困户牛羊的现象。

三 门地 22 村贫富差距的原因

据我们对该村党委书记曲朗老人的访问得知，该村在人民公社时期，牲畜承包是按人平均分配的，贫富差距不大，而目前贫富差距较大的原因主要在草场管理、牲畜管理方面。比如，该村里有人不太爱惜牲畜，把大部分牲畜卖掉；有的去经营运输业，有的去经商，由于经营管理不善，导致贫穷；也有自己不努力、靠国家补助的；也有些在县委和村党委帮助脱贫后又返贫的。

但导致贫穷的原因主要如下。

（1）人口多，牲畜少，人均占有牲畜数量少，再加上儿女成家，又要花很多资金；有的家庭要给儿女分家，把本来数量就不多的牲畜分给儿女，导致穷上加穷，陷入了恶性贫困循环陷阱。

（2）也有自然灾害的原因。有时天气干旱，草生长的不茂盛，牲畜吃不上草；有时受到雪灾侵害，如 1997 年该村受到一次大的雪灾，大量牲畜死亡，牧民的生活处于窘迫之中。

（3）该村村民的理财能力欠佳。该村大多数牧户没有存钱的习惯，一年收入多少就花多少，再加上国家给的补偿有限，使牧民投入到牧业再生产中的资金严重不足，严重制约了门地 22 村畜牧业经济的跨越式发展。

（4）生活资料价格较高导致贫穷。该村牧民每年卖了牛羊后的收入，主要用来买粮食（青稞、大米、面粉等），买家具，但很多牧民反映这些必需品价格高且质量不好，使得本来收入就不高的家庭每年用于生活资料的支出就占去收入的很大部分，导致恩格尔系数很高，对自身素质的培养和提高非常不利。正如曲朗老人有声有色地向我们叙述到：20 世纪 60 ~ 70 年代，商品质量好，牧民孩子放牧，一年穿 2 双鞋（夏季、冬季各一双），现在一个月换 2 ~ 3 双，质量差的 5 天换一双。

（5）铁路征地补偿方面。由于各牧户生产资料的占有数量不同，导致分配悬殊较大。如门地 22 村的乌提多玛自然村每人平均补助 2000 多元，俄玛迪格村每人补助 9000 多元，而笛格村每人平均补助 13000 多元。由于各牧户拥有的资金数量悬殊，这导致以后他们用于再生产的投入或经营副业所需资金来源的差距很大，有可能会进一步产生"马太效应"。

第五章　门地22村的社会发展

第一节　人口

一　人口结构

（一）男女比例

2006年门地22村有总人口466人，其中男性为226人，女性为240人，男性人口占总人口的比例为48.5%，女性人口占总人口的51.5%，门地22村5个小组具体男女人口分布比例见表5-1。

表5-1　门地22村男女人口分布情况

单位：人

组　别	男	女	合　计
1组	46	50	96
2组	45	53	98
3组	36	37	73
4组	57	58	115
5组	42	42	84
合　计	226	240	466

资料来源：那曲镇（2006年）门地22村基本情况统计报表。

从表 5-1 可以看出：门地 22 村第 1 组男女人口占总人口的比例分别为 47.9%、52.1%；第 2 组男女人口占总人口的比例分别为 45.9%、54.1%；第 3 组男女人口占总人口的比例分别为 49.3%、50.7%；第 4 组男女人口占总人口的比例分别为 49.5%、50.5%；第 5 组男女人口占总人口的比例分别为 50%、50%。门地 22 村只有第 5 组男女人口占该自然村人口的比例是相等的，其他组都是女性人口稍高于男性人口，与全国男多女少性别比严重失调的情况相比，门地 22 村男女性别比具有一定的特殊性。

（二）年龄结构

从我们抽样调查的 50 户家庭中得知，该村平均寿命 62 岁，最高寿命 86 岁，80 岁以上者有 4 人。抽样调查门地 22 村 50 户的年龄分布如表 5-2 所示。

表 5-2 被调查 50 户家庭人口年龄分布

单位：人，%

年龄段	人 数	占总人数百分比
1~18 岁	149	32
18~60 岁	266	57
60 岁以上	51	11
合 计	466	100

资料来源：2007 年 7 月对门地 22 村抽样调查 50 户家庭，依据全村人口统计汇总而得。

从表 5-2 可以看出：18 岁至 60 岁人口占 57%，成为被调查 50 户人口的主要组成部分，未成年人口占 32%，低于中青年人口 25 个百分点，这反映出该村计划生育宣传力度加大，村民少生、优生的观念正在形成，使得该村人口

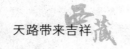

出生率下降趋势明显。通过被调查 50 户的人口年龄结构可以得出，门地 22 村人口年龄结构呈现出"两头小、中间大"的橄榄形，这说明门地 22 村的人口中以青壮年劳动力为主，具有相对丰富的劳动力资源优势。

（三）职业结构

门地 22 村现有实际劳动力 220 人，其中从事畜牧业的有 190 人，占劳动力总人数的 86.4%；从事运输业的有 20 人，占劳动力总人数的 9.1%；从事商业的有 10 人，占劳动力总人数的 4.5%。从门地 22 村村民的职业分布可以看出：门地 22 村从事畜牧业的人数较多，在畜牧业内部存在着相对过剩的劳动力人口，人口就业结构层次不高，呈现典型的传统畜牧业特征。

二　计划生育工作

在门地 22 村，国家提倡的"控制人口数量，提高人口素质"计划生育政策得到贯彻落实，经过长期的宣传教育以及牧民通过与家中子女少的家庭生活状况相比较，妇女们已经逐渐消除了"传宗接代、多子多福"的封建宗族思想，树立起"生男生女都一样"和"优生优育"的现代生育观。据我们发放的 50 份调研问卷统计得出：96% 的村民普遍认识到生男孩和女孩都一样，对养儿防老的观念逐渐淡化。

门地 22 村没有专门的计划生育委员会，宣传都是由那曲镇传达的。按相关规定，那曲地区藏族法定结婚年龄为男 20 周岁、女 18 周岁，通过我们对 2006 年门地 22 村新结婚的 3 户家庭调研发现，结婚年龄都达到了那曲地区法定结婚年龄。

门地 22 村积极响应国家号召，国家规定牧区可以生三胎，而门地 22 村已婚妇女一般生两胎，经济收入好些的家庭生三胎。门地 22 村没有超生现象，如果不想再生育，国家鼓励已婚妇女做绝育手术，截止到我们调研时，门地 22 村 71 个已婚妇女中有 59 人做了绝育手术，仅 2006 年就有 3 人做了绝育手术，超额完成指标 200%。

门地 22 村孕产妇分娩一般都选择在那曲镇的妇幼卫生保健所，所产生的医疗费用 80% 由国家支付，20% 由家庭承担，国家为了鼓励门地 22 村孕产妇在那曲镇医疗机构住院分娩，只要孕产妇按规定选择分娩医院，那曲镇医疗机构一次性奖励孕产妇 30 元，奖励护送者 20 元。

第二节　家庭

一　家庭

人类学家奥戈兰（OlgaLang）将家庭分为三种主要的类型，即核心家庭、扩大家庭和主干家庭。核心家庭是由一对夫妇和其未婚子女构成的家庭，同时也包括核心家庭的变异，如无子女的一对夫妇或一对夫妇中的一位与其子女组成的家庭；主干家庭是一个家庭中有两对以上的夫妇（包括一方去世或离婚）和未婚子女或未婚兄弟姐妹等构成的家庭；扩大家庭即年老的父母及其未婚子女与两对以上的已婚子女所组成的家庭，包括四代或四代以上成员构成的家庭。从我们调研的 50 户家庭中可以得出：门地 22 村家庭以一对夫妇与其未婚子女共同构成的核心小家庭为最多，是家庭构成的主要形态；主干家庭次之；扩大家庭较少（见表5-3）。

表5-3 门地22村被调研50户的家庭类型统计

单位：户,%

家庭类型	户 数	百分比
核心家庭	31	62
主干家庭	9	18
扩大家庭	5	10
单身家庭	5	10

资料来源：2007年7月对门地22村抽样调查50户家庭，依据人口统计汇总而得。

从表5-3可以看出，被调研的50户中，核心家庭有31户，占调查户数的62%，这种家庭一般以3~5人为主，是门地22村家庭构成的主要形态。主干家庭共有9户，占调查户数的18%，这类家庭一般为6~7人。扩大家庭共有5户，占调查户数的10%，这类家庭一般为8~10人，其中门地22村第3组的格占家是人口最多的一户，有10人。单身家庭也有5户，分别是门地22村第1组的嘎次家、旺姆家，第2组的贡桑家，第3组的占堆家和白玛拉姆家。

二 门地22村家庭子女的姓氏和取名

门地22村村民是无姓的。门地22村村民一般两个字做一个名，如层多、巴桑等。通常是把母亲名字的一个字作为自己名字的一部分，假若母亲的名字叫"白玛拉姆"，儿子的名字便叫"玛宗"；母亲名叫"次仁央金"，儿子名便叫"丹增次仁"，如此等等。还有不少把四个字的名字简称为两个字的名字。如：次罗是次旺罗布的简称；扎卓是扎西卓玛的简称。简称常取名中的第一、第三个字；也有用前两个字或后两个字作为简称的。比如：一人全名为"索朗多吉"，其简名可以是"索多"，也可能会是"索朗"或"多吉"，但极少有用第二、第四个字作为简称的。

三　门地 22 村家庭财产继承关系

门地 22 村关于家庭财产继承的处理方法，一般的习惯是儿女长大后结婚分家，或结婚离家，家庭财产的划分主要是按在家的人口计算，大多数是把牲畜折成羊数（1 头牛 = 5 只羊，1 匹马 = 10 只羊），每人一份进行继承。如果没有子女，依照死者的口头遗嘱办理，村民将死者财产捐献给寺庙，以此为来生祈福；贫穷的家庭无财产可捐，也将死者穿过的衣服等送给念经的喇嘛。我们在调研中得知，门地 22 村大多数家庭所得的那曲火车站站前征地补偿款，通常平均分给儿女。如门地 22 村 1 组的次仁多吉家 2006 年获得征地补偿 10497.02 元，平均分给 4 个儿女，每人分得 2686 元。

四　门地 22 村家庭的农忙与闲暇时间安排

据我们对门地 22 村晋美老人调研得知，门地 22 村村民在一年中按照藏历主要沿用以下生活方式，即在 5～7 月份集中放牧；8～9 月份准备出售牲畜；11 月至次年 1 月主要是闲暇时间，在此期间，村民的娱乐方式主要是：集中在一起唱歌跳舞、喝青稞酒，打藏牌、麻将或看电视，等等。在那曲火车站进行建设之后，门地 22 村有部分牧民借闲暇时间在火车站附近从事经商和运输工作。如门地 22 村村民层达从事那曲火车站到那曲镇的运输工作，每年净赢利 1 万元左右。

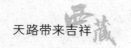

第三节 社会礼仪

一 门地 22 村的人口诞生礼仪

诞生礼作为人生开端的第一个礼仪活动，集中表现了人们对人口再生产的重视程度。诞生礼就是一个具有连续性的人生礼仪，是对婴儿降生人世的一种认可。门地 22 村和藏北地区的礼仪基本相同，保持着传统的方式。

（一）孕育期的习俗

在门地 22 村，孕妇一般不能在娘家或兄弟家分娩。其原因据说是在孩子出生时因为母亲羞于见自己的兄弟而导致难产或不产，所以，在临产时孕妇一般不回娘家，也不到叔伯兄弟家串门，以防难产。孕妇怀孕期间不吃犏牛犊肉，据说孕妇吃这类肉食会使孕期延长。在门地 22 村孕妇通常吃些牛羊肉、鸡蛋、骨头汤等。过去，门地 22 村妇女分娩时由助产婆接生，目前，门地 22 村绝大多数妇女摆脱了旧思想的桎梏，愿意选择到县医院或镇妇幼卫生保健所去生产。

（二）诞生期的习俗

门地 22 村村民把诞生礼又叫"旁色"。"旁"是污浊的意思，"色"是清除，也就是清除晦气的活动。据我们从门地 22 村 1 组尼玛拉吉处了解到：当地婴儿出生后，会带来许多污浊和晦气，举行诞生礼，便是要为婴儿清除污秽，预祝健康成长，同时也祝产妇早日康复。在门地 22 村，村民通常带青稞酒、酥油茶、肉、酥油、礼金和衣物等，来看望刚出生的婴儿。客人进屋时，先给父母和婴儿献上哈达，而后敬酒、倒茶并献礼，然后端详初生婴儿，对孩子说些吉利祝愿的话。"旁色"结束后，便给孩子取名。取名是件郑重的事，一般请活佛或村里有威望的长者进行，也有的由父母起名。取名者根据家人及自己的想法和愿望来决定婴儿的名字，总是起一些表示吉祥的名字。

二　门地 22 村的成年礼仪

在门地 22 村，成年礼仪也是人一生中跨入社会门槛的一个重要仪式。一个人步入成年的标志首先是服饰上有所区别，而这一点主要体现在女孩服饰的变化上。按门地 22 村村民以前的传统做法，当本村姑娘长到十六七岁时，就到了成年将要出嫁的年龄，为了庆祝这一具有重要意义的人生阶段，父母们总是要为女儿准备好丰富的装饰，在众多装饰中绝不能缺的是珠冠——"巴珠"（戴在头上的主要装饰品）。据我们调研得知，门地 22 村一些贫苦人家没有钱买贵重的珠宝，为了庆祝女儿的这一隆重节日，父母也要设法找其他代用品（如黄铜）来制作。到举行成年礼仪的这天，父母一大早就给女儿穿好新衣、戴好"巴珠"，然后将诸如耳环、项链、手镯、戒指等戴好。装饰完毕，父母和亲朋好友陪伴着女儿一起到那曲镇的最大寺院——孝登寺朝佛供礼。

三　门地 22 村的婚姻习俗

在旧社会，门地 22 村的婚姻多数由父母包办，父母有养育和解决子女婚姻的责任和权利，子女只有服从和孝敬

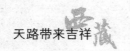

父母的义务。改革开放以来，门地22村牧民婚姻观念大有转变，目前多为自由婚姻，男女先自由恋爱，然后告知父母，遵循习惯手续，最终成婚。

门地22村牧民的婚姻缔结方式全是一夫一妻制。门地22村禁止近亲结婚，父系亲属、母系亲属绝不能结婚，现在恋爱结婚基本上父母不包办代替，仍然遵循过去遗留下来的求婚、订婚的婚礼程序。

求婚：这是必须的第一道手续。求婚之前占卜属相，再送哈达给对方家庭正式提出求婚。

订婚：双方同意婚事，便派人选择黄道吉日，起草婚约证书。婚约证书一般请有才华、能诗文的人起草，内容是男女结合、互敬互爱、互相体谅、孝敬长辈、品德应当高尚等。也有的婚约书上写有今后财产继承事宜，这种婚约是用诗歌形式写的，可以朗诵。

结婚：结婚仪式的前一天，男方派人把一套漂亮的服装，以及巴珠、嘎乌、手镯等装饰品，用绸缎包好，送到女方家中，让新娘明天过门打扮用。

结婚前，女方家人选择一个吉利的日子，全家前来祝贺，并正式移交嫁妆。移交仪式由男女双方代表主办，一人高声朗诵嫁妆清单，每念一种，女方代表便当场把物品交给男方代表。嫁妆的多少，根据各家的经济条件不同而有所差别。

宴请宾客和交接仪式完成以后，新娘才出房门，与家人同乐。

四 门地22村的丧葬礼俗

封建农奴制时期，门地22村普通村民有条件操办葬礼的寥寥无几。"文化大革命"中，由于宗教遭受严重摧毁，传统的葬礼习俗也随之被取缔。当时家中亡人，不能搞任何形式的法事，尸体也不允许久留。有的村民偷偷地点几盏蜡烛，替代供灯，也算是告慰亡灵。每七日的祭祖、每月的祭祀、周年的祭祖等全部被取消。

据我们对门地 22 村 2 组的贡加调研得知：该村村民葬礼主要以天葬为主。其主要程序是村民去世之后，首先要把尸体蜷曲起来，头夹到两膝之间，像母腹中的胎儿形状，用麻绳和为去世者特备的白藏毯把尸体裹住，放在屋内一角，用白布围上，并用土坯做垫，忌用床或其他东西做垫。根据卜卦得出出殡的具体时间，一般情况下停尸三五天后才能出殡。某家有人去世，门地 22 村每家会派一人带一壶酒前去吊唁。停尸期间，天天请僧人或还俗者念经做法事，超度亡者灵魂。有条件者还要为死者点上 100 多盏供灯，叫"百供"。

门地 22 村村民去世，该家门口吊挂一个红色的陶罐，罐口用羊毛或白哈达围上，罐子里放有三荤（血、肉、脂）和三素（乳、酪、酥）的糌粑火烟，并每天加一些进去。这些东西寓意为供死者灵魂享用。农村人死后，直到七七四十九天，家人一律不梳头、不洗脸、取下一切装饰，也不能唱歌跳舞。在办丧事期间，死者亲属及邻居不办喜事，不歌舞娱乐。

五　门地 22 村的民俗禁忌

热情好客的门地 22 村村民受日常生活习惯和传统文化的影响，在日常生活中形成了一些禁忌，这主要表现在以下几个方面。

（1）客人来临，须擦干净座位，让客人坐在主客席上。

（2）送客人要躬腰屈膝，以表示尊重；要面带笑容，热情礼貌。

（3）给客人献茶或酒时，手要先在裙裤上擦一下，表示手已干净，然后双手捧上，忌讳手指放在碗或杯子口沿上。

（4）敬酒时，客人先用无名指向佛法、双亲、朋友连续弹酒三次，这是约定俗成的规矩，否则会被认为不懂礼节。

（5）从客人面前走过时要躬身，紧缩袍裙，以免扬起尘土。

（6）不要将脚底对着客人坐，那表示蔑视。

（7）不要大摇大摆地从客人面前行走。与客人谈话，要洗耳恭听，回话要用敬语，不谈令客人不愉快的事情。

（8）不要在房中打口哨，那会赶走神灵，招来鬼魅。

（9）喝酥油茶时，主人倒茶，客人要等主人双手捧到面前时，才能接过来喝。碗杯等器具禁止扣着放置，因为只有过世者的碗杯才扣着放置。

（10）不要在泉、河、湖边扔脏物或大小便。

（11）不吃狗肉、驴肉、鱼肉和山羊肉（主要销售给回族）。

六　门地 22 村的新风新俗（五好家庭评比活动）

为了加强精神文明建设，门地 22 村党委积极响应国家号召，认真宣传和落实五好家庭的评建活动，其评建的五好标准主要包括以下几个方面。

（1）爱国守法，热心公益好——家庭成员爱国，爱家乡，拥护社会主义；遵纪守法，关心集体；助人为乐，努力为集体、为社会办实事，做好事。

（2）学习进步，爱岗敬业好——家庭成员好学进取，不断更新知识；钻研技术，提高业务素质；岗位成才，争先创优，建功立业。

（3）男女平等，尊老爱幼好——家庭成员做到夫妻平等，小事谦让，大事协商；尊敬长辈，善待老人，街坊称道；爱护孩子，科学培育，初见成效。

（4）移风易俗，少生优育好——家庭成员都能讲科学，破迷信，不参赌，不吸毒，自觉抵制邪教；热爱文体娱乐，崇尚科学新风；实行晚婚晚育，做到计划生育，少生优育。

（5）夫妻和睦，邻里团结好——家庭成员不争吵；邻里互助，团结无纠纷；室内外环境整洁，自觉清扫公共卫生。

第四节　节日礼俗

门地 22 村主要节日繁多，其中最为隆重、最具有代表意义的是藏历新年和赛马节。

一　藏历新年

藏历新年相当于汉族的春节，是门地 22 村一年中最大的节庆日。从藏历十二月中旬开始，门地 22 村村民就开始准备过年吃、穿、用的节日用品。门地 22 村大多数村民要去那曲镇购买各种年货（如氆氇、"香布"①、奶渣、风干

---

① 即印满经文的布。

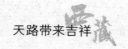

牛肉、人参果等）。这段时期是门地 22 村一年中最为繁忙的季节。门地 22 村村民过年是从藏历十二月二十九日开始的，该天晚上，家家户户要团聚在一起吃"古突"（面团肉粥），表示辞旧迎新，求得太平康乐。一家人在欢声笑语中吃完 9 道"古突"后，举着火把，放起鞭炮祈望给来年带来好运。

据我们对门地 22 村村民格桑调研得知：藏历新年这天，各家除打扫房舍、个人卫生外，都要在一个叫"竹素琪玛"的木斗内装酥油拌成的糌粑、炒麦粒、人参果等食品，上面插上青稞穗和酥油花彩板。然后把琪玛、"卡赛"（油炸果子）、青稞酒、羊头、水果、茶叶、酥油、盐巴等摆放在正堂藏柜之上，在大门前用糌粑或白粉画上吉祥八图，预祝新年人畜两旺。当日，门地 22 村 5 个小组之间要挨户端琪玛、敬青稞酒，高诵沿传已久的"扎西德勒品松措"、"艾玛帕卓贡康桑"等表示吉祥、健康、幸福、和睦的祝词。此后，门地 22 村各家会闭门欢聚。大年初一，门地 22 村许多信仰佛教的牧民要到那曲县最大的寺庙——孝登寺进行朝拜，祈求新年平安、健康。到了大年初二，走亲访友活动使村庄热闹起来，也成了人们展示新年时装的时刻，到处都是"洛萨（新年）扎西德勒！"的祝福声。大年初三的活动则以宗教、文体内容为主，门地 22 村将举行赛马、拔河、投掷、抱石头等丰富多彩的娱乐活动，藏历新年的欢庆活动将一直持续到藏历正月十五。

二 赛马节

在门地 22 村所有民间传承的藏族节日中，几乎都少不了赛马。那曲赛马节,藏语叫"达穷",是藏北草原规模盛大的传统节日。在调研期间,我们恰逢 2007 年那曲赛马节(2007 年 8 月 10 ~ 16 日)。在节日前两天,门地 22 村村民身着艳丽的节日盛装,带上青稞酒、酸奶等各类食品及图案美丽的帐篷、卡垫,骑马或坐车赶到那曲镇赛马场周围(见图 5 - 1)。正式比赛之时,虔诚的骑手们都要先绕着巨大的焚香台转圈以示敬意,接受德高望重的喇嘛的祝福。比赛开始后,骑手们牵马进入赛场,绕场一周后,再牵到指定地点。到达起点,骑手们便上马整装待命,发令枪一响,参赛选手扬鞭抽马,疾驰狂奔,冲向终点(见图 5 - 2)。除参加赛马外,村民仁地还参加了抱石头表演,在比赛中表现突出,获得了较好成绩,当时在场的门地 22 村村民载歌载舞,热闹非凡(见图 5 - 3)。

图 5 - 1　那曲镇赛马节场景(2007 年 11 月 20 日　王雪锋摄)

图 5-2 那曲镇赛马节一角（2007 年 11 月 20 日 王雪锋摄）

图 5-3 那曲镇赛马节娱乐活动（2007 年 11 月 20 日 王雪锋摄）

第六章　门地 22 村的民族与宗教

西藏是藏民族聚居度很高的地区，也是藏传佛教兴盛的地方，大多数藏族群众信仰藏传佛教，随着生产力水平的不断提高和社会文化生活的日益丰富，虽然许多藏族群众的宗教信仰有微妙的变化，宗教不再占据绝对的思想统治地位，在很多方面宗教的影响力也在减弱，但是藏传佛教在藏民族中仍然有着广泛深刻的影响。"你们在西藏考虑任何问题，首先要想到民族和宗教问题这两件大事。"这是早在 1951 年西藏和平解放时毛泽东主席对进藏部队的指示。半个多世纪以来，西藏各级党政组织切实贯彻党的各种民族宗教政策，认真做好各项民族宗教工作，为增强民族团结，宗教和谐，维护祖国统一，推进社会主义现代化建设，奠定了坚实的基础。"三个离不开"和"宗教信仰自由"对西藏广大人民群众来说，不只是一句口号，而是半个多世纪的真切体会。

第一节　民族概况

半个多世纪以来，在西藏各方面条件都最为艰苦的那曲地区，各级党政组织始终坚持贯彻党的民族宗教政策。为了发展社会主义市场经济，推动各项事业全面进步，巩

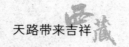

固和发展平等、团结、互助的社会主义新型民族关系，各级党政组织始终把坚持和完善党的民族区域自治制度、坚持"三个离不开"和"五湖四海"的方针作为那曲地区民族工作的指导思想。位于那曲地区政治、经济、文化中心的那曲县，根据新形势下民族工作的任务以及西部大开发、青藏铁路通车难得的历史机遇，各级党政组织始终坚定不移地贯彻执行党的民族政策，始终以各民族的大团结、大力发展作为中心工作，那曲县民族宗教局（简称民宗局）大力宣传巩固和发展社会主义民族关系，坚持和完善民族区域自治制度，加快民族地区经济发展和社会进步的一系列政策方针，旨在促进那曲县民族团结进步和发展，振兴那曲经济，号召全县人民，以实际行动贯彻"三个离不开"思想、"五湖四海"方针和"三个代表"重要思想，为那曲稳定发展献智出力。

一　门地 22 村的民族结构与聚居情况

那曲地区那曲县那曲镇门地办事处 22 村，坐落在那曲镇西 109 国道南约 4 公里处，距那曲镇西南约 10 公里的"俄玛迪格"小山坡上，故而得名"俄玛迪格村"。门地 22 村是一个纯牧业村，全村共有 5 个小组，总体牧业人口有 96 户、466 人，是一个单一民族聚居村，该村全部人口中，除藏族外，无其他民族。

中华人民共和国成立前，那曲地区（原黑河区）全部都是藏族，1951 年西藏和平解放后，那曲地区才有汉族及其他少数民族进入，目前在那曲地区的 114 个乡镇都有藏族和汉族居住，其他少数民族主要集中在那曲镇，门地 22 村虽然邻近中心城镇——那曲镇，但一直以来该村都只有藏族群众居住，而且无外村人口进入，据当地村民介绍，除外出打工者，以及到该村经商或调研者外，该村大部分村民基本上很少与其他乡镇人员往来，甚至至今没有和外地人通婚的现象，配偶一般都在本乡镇找。大多数村民认为，随着青藏铁路的通车，那曲县那曲镇门地办事处奶制品加工销售厂的扩建，青少年去外地读书的人数增多，位于火车站附近的门地 22 村村民将会与外界有更多的交流，单一民族聚居的民族结构将会有所改变。

二　门地 22 村民族的新生

门地 22 村原隶属那曲基巧办事处的那曲宗管辖，1959年民主改革前，那曲镇实际上是一个杂草丛生、乱石遍地、野兽出没的荒凉小镇，人口只有两三百人，除那曲镇中心的孝登寺外，几乎没有任何像样的建筑物，在色尼河北岸，散落着零零星星的几间破旧藏式房和一些牛毛帐篷，呈现出一片破败景象，故人们将其称为"色尼襄巴"。民主改革前，门地 22 村的大部分草场、牧场都归当地贵族、寺院、地方政府三大领主占有，牲畜则 25% ~ 30% 归占人口总数5% 的三大领主占有，占人口总数 10% 的牧主和广大藏族牧民群众只占 70% ~ 75%。由于三大领主拥有对草场、牧场等基本生产资料的所有权，牧主雇佣牧奴、牧工直接经营大量牲畜，该村的广大藏族牧民群众不得不遭受三大领主和牧主的双重剥削，他们要缴纳名目繁多的乌拉差役，特别受到"吉美其美"（不生不死制）和"吉约其约"（有生有死制）两种乌拉差役承租形式的重利剥削，其剥削量通常都在60% ~ 70%，除受乌拉差役剥削外，高利贷又是套在该村广大藏族牧民群众脖子上的另一具枷锁。民主改革前的门地 22 村，其生产关系与当时整个西藏一样，属于封建农奴制，但牧主雇佣牧工的经营方式又使门地 22 村封建生产关系中具有资本主义生产经营方式的因素，在这种落后复杂的封建农奴制生产关系下，在乌拉差役和高利贷的双重压榨下，门地 22 村广大藏族牧民的思想观念受到极大限制，人身受到摧残，财产受到吞噬，根本谈不上民族的平等、自由和公正。

1959 年西藏开始实行大规模、大范围的民主改革，位于青藏公路沿线的门地 22 村成为牧区民主改革的试点区，它是在 1959 年下半年随着平叛的进展而逐步开始的。在当地干部"三同一交"（同吃、同住、同劳动、向牧民交心）的感染带动下，在党的牧区政策的指导下，门地 22 村绝大多数藏族牧民群众很快对这次社会改革给予理解和支持，他们积极配合当地党政干部建立平叛保畜委员会，迅速开展"三反两利"运动（反叛乱、反乌拉差役、反奴役和牧主、牧工两利），使该村顺利实现伟大的社会跨越，获得民主改革的胜利，封建农奴制被废除，广大贫苦牧民翻身得到解放，门地 22 村藏族牧民群众得到新生。从此，那曲镇西南约 10 公里处的青藏公路旁"俄玛迪格"小山坡上崛起了这座今日的那曲镇门地办事处 22 村——"俄玛迪格村"。

三 门地 22 村民族的发展

经过 1959 年民主改革，旧的政教合一的封建农奴制社会制度被废除，确立了门地 22 村广大牧民群众当家做主的社会地位，实现了该村全体藏族牧民群众在政治上的平等。民主改革后，由于邻近那曲镇，靠近青藏公路，党和国家

出台的一系列优惠政策、采取的一系列优惠措施在门地 22
村都能够得以很好地实现，使门地 22 村牧民群众深切地感
受到全国各族人民的关怀、支持和各民族共同发展繁荣的
事实，从而激发了该村全体牧民群众的爱国主义热情和民
族团结精神。在中国共产党的领导下，门地 22 村牧民群众
以主人翁的姿态投身于反分裂斗争和建设事业中，为全区
各民族的共同繁荣作出了贡献。门地 22 村的前身是那曲县
门地乡 2 村，1968 年，该村由于在革命事业中贡献突出，
被命名为国家红旗公社，并受到国务院的颁令嘉奖，成为
历史上有名的"红旗公社"。据调研发现：当问及他们对政
府、党的看法时，该村村民的回答基本上是异口同声："共
产党好，只有共产党好，没有共产党就没有我们的今天。"
在调研中我们还发现，在门地 22 村，许多牧民家的客房内
都挂有或置有党的三代领导人画像，有的画像上还悬挂着
哈达。

　　为使全村牧民群众充分行使政治上的自由、平等权利，
党的十一届三中全会召开以来，门地 22 村的基层组织建设
得到健康、良好的发展，特别是 1995 年全国开展农村牧区
基层组织建设工作以来，在那曲地委、行署及那曲县委、
县政府的高度重视和指导下，门地 22 村认真开展了基层组
织建设工作。全村现已建立了党支部、团支部、妇代会等 8
个基层组织，现有党员 18 名，团员 55 名。截至目前，该村
共进行了三届村民委员会的选举工作，总参选率都在 98%，
选举出来的村民委员会每年召开 6~7 次村民大会，凡是与
村民切身利益密切相关的事项都拿到村民委员会议上进行
民主决策，村委会还根据本村实际，在召开村民会议或村
民代表会议的基础上讨论并制定了村规民约及相关的管理

制度。门地 22 村通过健全组织建设工作，为全村牧民群众提供了充分行使民主政治权利的平台，充分调动了广大牧民群众管理本村工作的积极性。

为了逐步消除历史遗留下来的事实上的不平等，帮助门地 22 村藏族牧民群众发展经济、文化，尽快改变贫穷落后面貌，赶上先进民族的发展水平，实现各民族真正的平等，党和国家制定了一系列优惠照顾政策和灵活扶持措施。为调动广大牧民群众的生产积极性，坚持实行"牲畜归户，私有私养，自主经营，长期不变"的政策；为利于牧民群众的休养生息，头税（每头 2 角，即按牲畜头数缴纳的税收）是门地 22 村村民需向政府缴纳的唯一税种；在医疗卫生方面，为减轻牧民群众的经济负担，实行农牧民合作医疗制度，教育上实行"三包"制度（包学费、包住宿、包吃饭）；为培育经济增长点，促进牧民群众致富奔小康，政府投资在门地 22 村建立了奶制品加工销售流通示范点；为多渠道增加牧民群众的收入，门地 22 村"两委"积极动员牧民群众合理安排劳动力，发展副产业。一系列优惠政策和灵活措施的贯彻执行，极大地解放了社会生产力，全面推动了门地 22 村经济的快速发展。

第二节　宗教概况

民主改革以前，在政教合一的封建农奴制社会制度下，藏族群众的总体生活几乎与宗教形影不离，至今，宗教生活始终是藏族群众精神生活的重要组成部分。在藏族群众宗教信仰中长期占据绝对主导地位的是藏传佛教，我们调研的门地 22 村除个别党员牧民外，绝大多数牧民群众都信仰藏传佛教。毫无疑问，藏传佛教在满足藏族群众精神生活和加强藏民族内部联系、藏民族团结等方面一直起着重要的作用。虽然传统的宗教观念和藏传佛教在门地 22 村的影响根深蒂固，但事实上，随着门地 22 村社会的进步，经济的发展，教育水平的提高，牧民群众的宗教信仰正在逐渐发生着变化，已出现一些不信仰藏传佛教的牧民。但不可否认的是，目前乃至今后很长一段时间内，广大藏族牧民是离不开藏传佛教的，它的影响力不仅将继续渗透到本村群众日常生活和风俗习惯、节日禁忌等方面，还将继续影响着该村的经济、社会生活。值得一提的是，由于喇嘛对藏传佛教和藏族文化的传播作出过巨大贡献，因而普遍受到门地 22 村牧民群众的尊重，在我们所走访的 50 户牧民家里，除个别不信教的党员牧民外，几乎都能看到在当地牧民群众心目中具有影响力的宗教领袖画像。

一 门地 22 村信教情况与宗教场所

门地 22 村是一个单一的藏民族居住村，从抽样调查的 50 户家庭统计结果看，除去现有的 18 名共产党员外，该村大多数牧民群众自认为或多或少、或强或弱都信奉藏传佛教。门地 22 村信教牧民在家里进行的日常宗教活动主要是：到经房给奉佛添换圣水，点酥油灯，燃香，为供灯添油拨捻，诵口经，数念珠，念六字真言祈祷（所谓六字真言，也就是观世音菩萨六字大明咒：唵、嘛、呢、叭、咪、吽，为祈愿宝珠莲上之义），等等。西藏的牧区基本以游牧生活为主，各户居住分散，寺院距居住地很远，因此，不能像城市和农村那样时常进行一些社会性、群体性的宗教活动，而门地 22 村虽然没有寺院、拉康、佛塔等宗教活动场所，但由于区位优势——居住地毗邻那曲县，靠近青藏公路和青藏铁路，且全部定居放牧，故该村的宗教活动形式又不同于其他牧区，尤其对于信仰虔诚度较高的牧民，他们能够时常去附近的那曲县寺庙、拉康等集体性宗教场所进行各种形式的宗教活动。

在门地22村，牧民群众享有充分的宗教信仰自由权利，他（她）们都是按自己的意愿选择自己的宗教信仰，既可信仰藏传佛教，也可不信仰藏传佛教；既可以普遍的方式表达对藏传佛教的信仰，也可以自己的方式表达；每个村民对藏传佛教信仰的虔诚度，对信仰藏传佛教的看法，对信仰藏传佛教的目的，对宗教（藏传佛教）对社会、经济、生态等各方面的作用，都有各自不同的看法和体会。

据我们调查，对藏传佛教的虔诚程度，从该村总体来看是，中老年人比年轻人虔诚，女性比男性虔诚。当问及对信仰藏传佛教的看法时，无一人选择"大家信，我就信"，少部分人（主要是中青年人）认为是"民族传统，应该继承"，而大多数人持"无所谓"的观点，他（她）们认为信仰藏传佛教不在于对教义教理的理解能力和虔诚程度，而是满足自身精神生活的需要，至于他人是否信、如何信，完全取决于个人，无人强求，反正宗教信仰自由，所以，当问及对本民族中不信教的群众、党员有何看法时，参与问卷调查的牧民基本上都回答：信仰自由，应当允许，而没有人认为，他们不信仰宗教就是一种背叛行为，应当受到惩罚。至于信仰藏传佛教的目的，另一部分人认为是"为保佑全家平安"，一部分人选择是"寻找精神安慰和寄托"，这部分人主要是一些妇女和中老年人，概括起来，该村信教群众信仰藏传佛教的目的主要就是，希望自己及家人做事顺顺当当，生活平安，去世能够升天，而不下地狱，来世能成为人，不能成为狗。他们还认为，藏传佛教最大的特点就是做善事，不杀生，所以，该村绝大多数牧民群众都坚定地相信"善有善报、恶有恶报"，对于"儿女前世修，种子隔日留"、"死生由命，富贵在天"则持半信半疑的态度。当问到藏传佛教对本村社会、经济等各方面发展是否有影响时，他们都认为藏传佛教的主要作用是联系感情，增强本民族群众的团结，认为宗教本身对该村的经济发展并无影响，即使是放生也只是象征性的，对经济的影响并不大，而且该村目前已经不存在只信教不搞生产的牧民。他们认为，宗教对生态环境的影响只有有利的一面，因为信仰藏传佛教的教徒都相信，万事万物都有生命，故在该村不会发生乱伐、乱采、乱挖草地等破坏生态环境的现象，有利于维护草原生态系统的平衡。

通过对门地 22 村 50 户牧民家庭的调查，我们发现，宗教信仰自由政策在门地 22 村广大牧民群众心目中知晓度高，影响力大，评价好，牧民的宗教信仰表现得很平和，村民们对藏传佛教的态度不再盲目，不再狂热，无论是否信教，采取怎样的方式信教，大家都真诚相待。可以肯定地说，"宗教信仰自由"在门地 22 村不是一句口号，而是该村村民发自内心深处的体会。

二　不同历史背景下门地 22 村的宗教信仰

宗教作为一种社会意识形态、一种文化现象，必然受到经济基础的制约，经济基础发生变化，必然会导致宗教形式甚至内容的变化。

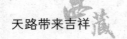

（一）封建农奴制背景下门地 22 村村民的宗教信仰

1959 年西藏民主改革以前，西藏处于政教合一的封建农奴制社会制度之中，在这种社会制度下，由于宗教上层集团本身就是三大领主之一，宗教便理所当然地成为统治阶级的工具，他们利用农牧奴对宗教的虔诚、对科学知识的缺乏，直接对广大农牧民群众进行政治压迫和经济剥削，在门地 22 村固然也不例外。据门地 22 村虔诚信仰藏传佛教的几位老人介绍：民主改革前，该村绝大多数牧民群众都信奉藏传佛教，但真正能享受到宗教自由的牧民却寥寥无几，因为生活在封建农奴制度下的牧民，由于人身自由的束缚和物质生活的贫困，使他们享受宗教活动的机会受到极大限制。譬如，在宗教物品上，贫困的牧民根本无力购置佛龛、佛像、唐卡等信奉物品，家中宗教设施极其简单，一般家中唯一的宗教用品就是几盏用土陶做的供灯；在家庭佛事活动上，对大多数村民来说，举办小规模的诞生礼、婚礼、葬礼等是非常奢侈的，这样的家庭为数不多，大多数家庭很难拿出多余的资金去为家中病重或死去的家人做法事，婚礼也非常简单，而朗生们要举行婚礼则是天方夜谭；在各类传统节日上，由于身负重担，除藏历年有一点节日气氛外，大多数村民几乎无闲暇时间去参加传统的民间节日和佛教节日。总而言之，民主改革前的门地 22 村，只有较为富裕的牧户家庭才有能力购置宗教用品，举办规模不等的家庭佛事活动，利用闲暇时间参加各种佛教节日，调节自身生活，享受宗教节日的乐趣。

（二）政教分离后门地 22 村村民的宗教信仰

1959 年西藏实行民主改革，实现了从旧的政教合一的封建农奴制度向新的政教分离的社会主义制度的伟大跨越。民主改革后，门地 22 村的牧民群众在政治上翻了身，全体村民都能享受平等的政治权利，经济上获得解放，多数贫困牧户生活有所好转，加上党的宗教信仰自由政策的贯彻落实，门地 22 村全体村民在宗教上有了真正的信仰自由。但是，刚迈入新的社会制度下的门地 22 村，由于邻近那曲镇，交通、信息相对畅通，社会主义思想很快在该村牧民群众中得到传播，因此，在民主改革后的一段时期，虽然部分村民仍虔心向佛，但多数村民把主要精力放在了抓生产、改贫貌、共致富上，宗教气氛有所减弱。据该村几位老人讲，民主改革后，在共产主义思想和新社会提倡的无神论宣传引导下，该村大部分村民把主要精力用于从事生产活动，而不是宗教活动上，因为他们对共产主义的信仰比起对藏传佛教的信仰兴趣更大。

1966 年全国性的"文化大革命"运动开始，门地 22 村和全国各地一样，遭受了深重的磨难。在"横扫一切牛鬼蛇神"的政治狂潮下，村民们的一切宗教信仰活动都被列为封建迷信，受到批判和攻击，党的宗教信仰自由政策遭到严重践踏。在这种情势下，只要谁从事宗教活动，谁存有宗教用品，谁就会被揪斗。因此，这一时期，门地 22 村广大信教牧民群众即使对佛祖有万般仰仗，也只能将信仰压抑心中，不敢公开表达内心的虔诚，他们的宗教活动被迫停止，几乎无人敢从事各种形式的宗教活动，许多牧户把家中摆置的宗教用品或藏匿起来，或扔掉，或毁掉。

改革开放以后，党的宗教信仰自由政策得到恢复和落实，并得到法律的保障，这充分保证了信教群众的信仰自由。现在的门地 22 村，牧户家中开始光明正大地购买和摆置各种宗教用品，名正言顺地开展形式多样的宗教活动。在各项优惠政策的扶助下，门地 22 村利用其地缘、人缘、资源优势，大力发展生产力，经济日渐好转，牧民群众的信教自由也随着牧户家庭生活的日益富裕逐步得以实现，家庭宗教用品得到添置，宗教活动的规模不断扩大，内容不断丰富，许多宗教活动增加了科学文化的内涵。改革开放至今，门地 22 村村民享有的宗教信仰自由权利、牧户家庭拥有的宗教用品、开展的宗教活动，与过去相比，都有了显著改善。

综上所述，我们可以得出如下结论：民主改革前，门地 22 村大多数村民由于受繁重差役和生活贫困的双重约束，宗教信仰的实现程度受到相当大的限制，事实上只享有形式上的宗教信仰自由的权利。民主改革后，门地 22 村村民宗教信仰自由权利的实现主要取决于党的宗教政策，实现程度则主要依赖于家庭经济状况，一般情况下，随着牧户家庭收入的增加，用于购置宗教用品和从事宗教活动的支出也会相应增多。如今的门地 22 村，在宽松的政治环境和宽裕的经济条件下，宗教信仰自由权利真正得到了充分实现。我们预测，随着青藏铁路通车，门地 22 村的对外开放程度将进一步加深，牧民群众接受外来新思想、新文化的机会将会增多，他们的科学文化知识水平也将逐步提高，宗教信仰将表现出广泛的兼容性，并将被赋予新的内容。

三　门地 22 村宗教与社会主义建设相适应问题

积极引导宗教与社会主义制度相适应，是西藏自治区 20 世纪 90 年代以来的工作重点，也是门地 22 村社会主义建设的重要任务，其主要作用和重要意义在于，通过努力改变牧民群众宗教信仰中落后的、不适应社会主义建设的旧的传统观念、陈规陋习，充分利用宗教中的积极因素，为社会主义市场经济建设、政治文明建设和精神文明建设更好地服务（见图 6-1、图 6-2）。

图 6-1　室内宗教信仰摆设（2007 年 11 月 20 日　王雪锋摄）

（一）与社会主义市场经济建设相适应

20 世纪 90 年代以来，门地 22 村牧民群众在所在乡镇党委、政府和"两委"干部的支持和带动下，门地 22 村先后有 40 户家庭组成了 10 多个牧民联合组织，经营鲜奶、酸奶、奶渣等藏牧区特色产品，利用区位优势经营小型度假村、小商品出售等多种经营。近几年来，由村委会参与和

图 6－2　转经筒（2007 年 7 月 31 日　王雪锋摄）

推动的城郊畜牧业从无到有，从小到大，已经发展成为那曲县畜产品开发的新亮点。如今的门地 22 村，牧民群众将借着青藏铁路通车的机遇，利用区位优势和沿路优势，通过从事商品批零、旅游业、仓储业、房屋出租、餐饮业等，发展沿青藏公路、青藏铁路的经济。另一方面，"两委"干部通过积极动员牧民群众合理安排劳动力，发展副产业，许多牧民学会了木匠、铁匠等各种手艺，现已涌现出一批农牧民施工队伍，这不仅增加了牧民群众的经济收益，也使他们的商品意识也得到显著提高。

通过积极引导农牧民群众发展市场经济，多渠道增加收入，目前，门地 22 村大多数农牧民群众树立起了商品经济的观念，长期受藏传佛教影响的怯商、羞商观念已经被打破。譬如，门地 22 村牧民利用交通要道的便利条件和青藏铁路修建和通车的机遇，在有关部门的帮助下，大力发展"城郊畜牧业"、小商品及餐饮业，通过卖畜产品、小商品和饮食来实现资本的原始积累，2006 年，有 26 户仅通过卖酸奶一项收入就达 8000 多元；卓玛次仁、次仁卓玛、次仁央吉、央勤等户通过卖小商品、饮食等都赚了 15000 元左右，另外，白玛玉珠家通过办小吃部、卖小商品和酸奶，收入高达 24000 元。还有 13 名妇女为铁路修建输出劳务，两个月每人收入 2140 元。

（二）　与社会主义政治文明建设相适应

为了加强思想道德教育，让牧民群众成为学法、知法、懂法、守法的公民，门地 22 村对法律教育尤为重视，2006 年，他们不但派代表去镇里参加法律知识学习班，还先后集体学习了《婚姻法》、《计划生育法》、《土地法》、《教育法》、《未成年人保护法》、《中华人民共和国刑事诉讼法》等法律，对因事没能参加的群众，以央姆为组长的补课小组还亲自上门为他们补课。

认识到"那曲是反对达赖集团分裂祖国前沿阵地，争夺青少年，控制寺庙是分裂集团进行分裂活动的重要手段"，门地 22 村的妇女们把对孩子的爱国主义教育作为重点，用新旧社会对比法引导孩子们认识反动达赖集团的本质——为一小撮"特殊人"的个人私利要把西藏再次带向黑暗的农奴制社会。在长期的耳濡目染下，持有反动言论的青少年没有，追随达赖者更是不存在。

（三）　与社会主义精神文明建设相适应

针对"那曲人慵懒"的说法，门地 22 村"两委"教育该村村民尤其是妇女群众要自立，要"流自己的汗，吃自己的饭，自己的事自己干，靠天靠地靠祖上，不算是好汉"，树立自力更生、艰苦奋斗、创造条件奔小康的精神和信念。思想开放的门地22村，妇女们逐渐消除了"传宗接代、多子多福"的封建宗族思想，树立起"生男生女都一样"和"优生优育"的现代生育观，截止到我们调研时，全村71个已婚妇女中有59人做了绝育手术，无论是男孩子还是女孩子，家长都一样对待，49个学龄儿童中，有46名在上学（3名残疾儿童除外），入学率达100%。

经过学习科学知识，村民生病后，不再是请巫师神婆来做法事或求神拜佛，而是及时就医，因而也再没有耽误病情的现象。她（他）们把全部的精力用到发展生产上去了，在该村几乎找不到只信教不搞生产的牧民了。

第七章　门地 22 村的社会事业

　　门地 22 村由于经济总体发展水平不高，再加上独特的历史因素和自然地理环境的制约，虽然近几年门地 22 村的教育、医疗、文化设施得到了较大程度的发展，但是与国内其他地区相比，社会事业的整体水平仍处于相对落后状态，这在一定程度上制约了门地 22 村社会与经济的协调发展。为了更好地贯彻落实"以人为本"的科学发展观，促进门地 22 村社会事业的可持续发展，将还有很长的一段路要走。

第一节　教育事业

一　学校概况

　　2002 年以前，为了保证门地 22 村适龄儿童入学，门地 22 村村党支部经多方筹集资金，建设了那曲县门地 22 村教学点，保证了学龄儿童达到了规定的教学年限要求。2002 年以后，随着门地 22 村入学适龄儿童的增多，该教学点已经不能适应教学发展的要求，门地 22 村响应上级号召，撤销教学点，并积极配合那曲县教育局做好学生家长工作，教育学生家长将子女送往各方面条件都比较优越的那曲镇第二小学就读。那曲镇第二小学（前身是那曲镇门地乡小

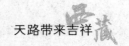
学，1999 年又改为杭州共青希望小学）始建于 1996 年，当时只有两位代课教师、两间教室和一个班的 30 多名学生，到 2002 年学校有两位正式教师、三位代课教师，学生的数量也增加到 96 人。1999 年杭州市为门地小学捐款 20 万元左右，援建了三间教室、一间办公室、四间师生宿舍，并修建了学校大门，硬件设施得以大大改善。整个那曲镇第二小学占地 720 平方米。这里的学生都是牧民的孩子，他们最近的离家 2 公里，最远的离家 3 公里，所以大部分学生都住在学校。那曲镇第二小学学制为 3 年，三年后学生再升入那曲县完全小学继续读书，2007 年该小学有学生 97 人，其中本镇学生 92 人，外乡镇学生 2 人，外县学生 3 人。

二 村民子弟就学情况

截止到我们调研时，门地 22 村有 8～13 周岁小学适龄儿童 49 名，有 46 名在上学（3 名残疾儿童除外），入学率为100%，初中入学率为 97.41%，小学在校生辍学率为 0，15 周岁人口小学教育完成率为 91.44%，15 周岁人口文盲率为 0。

三 师资水平

那曲镇第二小学现有专职教师 7 名，其中藏族 6 名，汉族 1 名；4 名女性，3 名男性，平均年龄都在 30 周岁以下。专职教师合格率为 100%；小学代课教师占小学教师总数的比例为 12.5%；该校有校长 1 名，曾参加过校长岗位培训。还有地区代课教师 1 名，临时工 3 名。

四 办学条件

那曲镇第二小学校舍面积 233.77 平方米，在校生 97

人，生均校舍面积 2.41 平方米；有 5 个德育室，有桌子 120 张、椅子 120 把。该校做到了班班有教室，学生人人有课桌、凳子，在校生人人有床铺。校门、围墙、厕所和运动场所附属设施基本齐全。

五　教育经费

该小学所有学生都享受"三包"经费（包学费、包住宿、包吃饭），并且成立了"三包"经费管理领导小组，配备了会计、保管、出纳人员，负责"三包"经费项目和物资管理，做到"三包"经费使用管理透明公开，"三包"经费能够按时足额使用在学生身上，并实行了"三包"经费日清月结和月公示制度。

该小学没有出现挪用、挤占、违规使用和拖欠、截留教师工资现象，教师工资能按时足额发放。

六　教学质量

据我们调研得知，该小学按照《西藏自治区中小学课程设置标准》规定开设课程，小学三年级开始英语教学，主要采用"三语"教学（藏语、汉语、英语），并开设了劳动技能课；还经常对学生进行爱国主义教育，建立了升国旗、唱国歌制度；在一至三年级开设了体育、艺术等课程，学校体育、艺术工作均能正常开展。至今该小学尚没有发现 15 周岁以下少年儿童入寺当僧尼现象。该小学还成立了以校长担任组长的安全卫生领导小组，对学生进行安全教育，着重就铁路安全进行教育，张贴了宣传挂图，这种图文并茂的宣传方式收到了良好的育人效果。

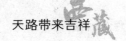

七 村民教育观念和投入状况

据我们调研得知，现在村民比以前更加重视教育，希望子女能出人头地，能到内地去上学。但他们也普遍反映送子女到内地上学还是比较困难的。在教育子女方面，因为孩子太调皮，偶尔也有体罚的现象。由于该村的教育经费实行的是教育"三包"政策，父母对子女教育投资的数量不多，主要用来支付学生在校日常生活零用。

八 教育中存在的主要问题

虽然近几年那曲镇第二小学的整体面貌和村民对教育的重视程度发生了很大变化，但与内地相比，教育设施和水平仍有很大差距，仍存在着诸多的问题。

（1）教育经费投入不足，导致该小学基础设施薄弱，各项经费投入远远不能满足教育事业发展的需要。比如：围墙由土质构成，许多地方凹凸不平，出现了很多缺口，牛、羊、狗等杂畜随意进出校园，给该校卫生、环境管理方面带来了不利的影响；其中一间学生宿舍、厕所是危房，一旦出现倒塌，后果不堪设想；水井也存在很大的安全隐患，由于井口离地面不足 50 厘米，冬季打水时地面结冰与井口相平，打水时太危险，一不小心就会连人带桶一起滑进井里，目前学生打水时，教职工轮流监管值班，这又给学校管理增加了一大困难。

（2）劝学难度大。由于地域辽阔，门地 22 村 5 个组的人口居住分散以及其他原因，在"普九"劝学工作中牧民群众对入学的认识不够，致使劝学工作存在一定难度，再加上教学内容与当地生产实际有脱节现象，导致一些学生产生厌学情绪，家长和学生都感觉到读书和日后收入的相关性不大。

（3）父母的传统观念依然严重。在牧区虽然实行"三包"，但由于最近西藏就业体制改革力度加大，现在大学生毕业时，国家不再统一分配工作，导致有些大学生毕业后暂时找不到工作，很多家长因此产生了"读书无用"的想法，从而使很多子女求学的信心动摇。据我们调研发现：门地 22 村很多家长认为子女不上学可以充当劳动力，有的家庭孩子 18 岁就可以结婚，也有些家庭出现了 35 岁的父亲带 20 岁孩子的现象。有的孩子 9 岁、10 岁就开始放牧，父母开始休闲，等等，这些陈旧的传统思想观念在一定程度上阻碍了教育事业的发展。

（4）门地 22 村家长普遍对学前儿童入学教育重视程度不够，学前教育观念淡薄。在我们调查的 50 户家庭中，家中有学前儿童的有 17 户，但在这 17 户中有 12 户的儿童家长没有自觉主动地对小孩进行学前教育（如教小孩看图识拼音字母、数数、画简笔画等）。究其原因，一方面是家长自身文化素质低下，另一方面是部分家长对学前教育对孩子以后健康成长的重要性认识不足。

第二节　畜牧业科技

一　畜牧业科技部门与科技信息

（一）管理部门

门地 22 村畜牧业科技的主要管理部门有那曲县畜牧局和那曲县科技局等相关部门。

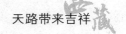

（二）业务部门

对门地 22 村草场和畜牧业进行管理的具体业务部门是镇草业站和畜牧兽医站。这些部门主要宣传一些草场的维护和牲畜的疾病防治等知识，当村里牛、羊等牲畜生病时，主要由那曲镇兽医站给牲畜进行疾病的预防和治疗，不收取任何费用。

（三）畜牧业科技信息情况

近几年，门地 22 村"两委"牢固树立科学发展观，紧紧围绕服务"三农"、全面建设小康社会这个中心任务，在本村大力宣传畜牧科技知识，加快传统畜牧业向现代畜牧业转变的步伐，利用草场改良、畜种改良、畜群结构调整、畜牧业基础设施建设以及在牧民群众中培养科技明白人、技术带头人、致富领路人等形式，引进、消化、吸收先进的科学技术，改变"靠天养畜"的传统饲养方式，改变畜牧业生产过程中科技含量低、技术不配套、服务体系不健全、科技成果转化率低、牲畜生产性能上不去的现状，从而改变传统的经营方式，以专业化生产、规模化经营、产业化发展为发展方向，同时推广草原灭鼠、畜种改良及优化畜种结构，冷季保畜保膘，暖季快速育肥，等等，提高畜牧业生产中的科技含量，以便提高草地的再生产能力。从 2002 年"二五"普法工作以来，那曲县将科技法普及纳入其中，在门地 22 村通过多种形式的宣传、教育，真正使科技法得以普及，深入人心，深入群众，同时在每年的"三下乡"活动中，科技部门在门地 22 村发放了大量的科普材料，使科技知识贯穿于牧民群众的日常生活之中。

二　畜牧业科技推广项目

目前，门地 22 村的畜牧业科技推广项目主要是那曲镇人民政府在本村的奶制品加工销售示范点所拥有的扶贫牧场上进行了那曲镇铁路沿线经济带牦牛育肥特色产业项目的试点工作。依托奶制品加工销售示范点所拥有的 232 头架子牛，其中：母牛 187 头，种牛 8 头，犊牛 37 头，进行育肥，实施畜圈种草（主要种植加拿大的燕麦或青稞草），作为育肥补饲，统一进行疾病防治，灭虫、灭鼠。通过这一畜牧科技推广项目，入股牧民每人可增收 6868.06 元。

三　科技下乡活动

2006 年 10 月 16～25 日，那曲县科技局抽调专门人员协同地区科技局的专业技术人员，免费为门地 22 村群众维修各种家用电器，修理了太阳能、风能等各种装置设备，并赠送了风能灯管和太阳能各种配件等，发放宣传材料 50 多份。

2006 年，那曲县科技部门在那曲镇门地办事处举办了科技大集 1 场，办科技培训班 2 期，共培训牧民 200 人次，发放科技资料 50 多份，详细讲解了草场的管理与维护，使牧民基本掌握了人工种植等一系列实用技术。牧民对自家牲畜各种疫病的预防与治疗进行了重点咨询，畜牧兽医站的科技人员给予了耐心的解答，并赢得了当地群众的一致好评。另外，在科技培训班上，那曲县专业人员讲解了草场"三灭"（灭鼠、灭毒草、灭害虫）应采用的科技措施与意义，乡村道路的施工与维护，各种农用机械操作技术理论，围栏草场的规划方法与架设网围栏的要领等相关

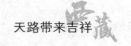
知识。

那曲县和那曲镇畜牧科技部门在门地 22 村通过发放藏汉图文并茂的科普书籍，包括各类科普挂图、科普宣传单等，使牧民群众接受了很多的畜牧业科技知识，对促进传统畜牧业走上质量、效益型畜牧业之路具有重大的现实意义。

但是，在科技下乡活动中，由于很多藏族群众的文化知识水平有限，对一些科普材料存在看不懂、看不明白的现象。另外，科技"三下乡"应该变成科技常（长）下乡，通过在项目中培训这一方式，抓好典型示范，只有这种经常性的、持久性的科技知识宣传，才能春风化雨般地转变牧民群众的思想观念，才能使牧民群众从根本上接受畜牧业的科技知识，并在生产过程中发挥出"第一生产力"的重大作用。

第三节　医疗卫生

门地 22 村距那曲镇只有 10 公里，就医非常方便，平时村民就医都去那曲镇卫生院。改革开放以来，门地 22 村享受的医疗卫生条件大大改善，村民的平均寿命显著增长。2006 年门地 22 村村民平均寿命 62 岁，80 岁以上老人有 4 位，其中最高寿命 86 岁。由于特殊的地理环境，该村村民患的主要高原病有高原高血压、胆囊炎、胆结石、肝胞囊虫、高原红细胞增多症（俗称多血症）。

一　医疗卫生设施

民主改革以来，那曲县的卫生事业取得了重大成就。

20 世纪 60 年代，那曲县成立了县医院，之后相继成立了镇卫生院，人员也由 20 世纪 60 年代每镇 1～2 名医护人员发展到 20 世纪 80 年代的每镇 4～5 名。20 世纪 60 年代县、镇两级医护人员共 10 人左右，现在共有 200 多名，医疗人员的专业水平也有了很大的提高。

近几年，门地 22 村在医疗卫生方面有了很大变化，这主要体现在以下几个方面：（1）医疗卫生经费方面。国家投入免费医疗经费以来，门地 22 村缺医少药的现象得到了有效改善，2006 年村民合作医疗率达到了 99.6%，群众的医疗保健意识得到了很大的提高。（2）妇幼计生方面。增强了母婴安全工作，提高了住院分娩率，降低了孕产妇死亡率和婴儿死亡率，截止到我们调研时，门地 22 村 71 名已婚妇女中有 59 名做了绝育手术，仅 2006 年就有 3 人做了绝育手术，超额完成指标 200%。（3）预防保健方面。从 20 世纪 80 年代以来，国家在门地 22 村实施计划常规免疫接种，各种传染病的发病率逐年下降，以前发病率最高的麻疹、百日咳等传染病现在得到了有效控制，这提高了门地 22 村牧民群众的健康水平。

二　疾病预防控制情况

为了确保牧民群众的身心健康，构建和谐那曲，那曲县卫生局在门地 22 村认真做好疾病预防控制工作。

（1）鼠疫防治。在牧区实行了疫情的监测、宣传教育、人员培训及疫情的处理等工作，从 2007 年起实行疫情"日报告"制度，并派专门人员开展田间鼠疫的监测和巡查，有效防止村民之间发生鼠疫。

（2）计划强化免疫工作。那曲县卫生局高度重视对门

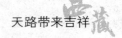

地 22 村牧民群众的强化免疫工作。2006 年门地 22 村计划强化免疫接种率分别为卡介苗 95%、糖丸 99.9%、白日破 95%、麻疹 98%、乙肝 98%，近几年来传染病的发生率明显下降。

（3）碘缺乏病监测。碘缺乏病是广泛危害人类健康的地方病，是影响人口素质、制约社会经济发展的重要因素。为了有效预防碘缺乏带来的危害，2007 年 5 月份，那曲县卫生局预防保健服务中心在门地 22 村分别对 5 户家庭进行了碘盐监测。根据近几年来那曲县卫生局在门地 22 村对碘缺乏病的调查了解得知，门地 22 村的碘盐推广使用率只有 60%。

三 门地 22 村村民合作医疗状况

门地 22 村牧民群众参与合作医疗率为 99.6%。据我们对曲朗老人调研得知，广大牧民群众对合作医疗制度很满意，他由衷地说，要更多地感谢党中央对牧民的关心。牧区合作医疗制度是以政府为主导，政府、集体和个人多方筹资，以家庭账户和大病统筹为主，坚持自愿参加、多方筹资、以收定支、保障适度的原则。门地 22 村牧民合作医疗的管理措施和那曲地区的整体情况是相同的，主要包括以下几个方面。

（一）医疗基金的筹集与管理

牧区医疗基金实行政府为主、个人筹资、集体扶持和社会多渠道支持相结合的筹资机制。基金来源于国家安排的免费医疗专项经费和新型农村合作医疗补助经费。1998 年门地 22 村每年每位牧民缴 10 元钱，国家补贴 80 元；

2007 年每年每位牧民缴 10 元钱,国家补贴 100 元钱。

门地 22 村医疗基金分为家庭账户、大病统筹、医疗风险和医疗救助四类。其比例及用途如下。

(1)家庭账户基金。占总基金的 50% ~ 60%,主要用于牧民门诊医疗和健康体检费用的补偿。对自愿缴纳个人筹资的牧民家庭,从该户牧区医疗基金总额(个人筹资以人均 10 元计算)中按 50% ~ 60% 的比例划入其家庭账户,个人筹资超过 10 元的,超出部分金额划入其家庭账户;对未缴纳个人筹资的牧民,从该户免费医疗专项经费和合作医疗救助经费中按 50% ~ 60% 的比例划入其家庭账户。

(2)大病统筹基金。占总基金的 33% ~ 43%,主要用于牧民住院医疗费用的补偿。

(3)医疗风险基金。占总基金的 2%,主要用于弥补大病统筹基金因当年大病人数异常增多,导致非正常超支时的应急资金。

(4)医疗救助基金。占总基金的 5%,由县(市、区)民政行政主管部门按照有关规定管理和使用。

(二) 医疗费用补偿

医疗费用补偿是指农牧民在各级医疗机构就医后按规定比例报销、核销或报销医疗费用。对于已经缴纳个人统筹的牧民在那曲镇医疗机构就医所发生的门诊费用,凭《家庭医疗账户本》在其家庭账户基金中核销;在那曲镇医疗机构就医所发生的住院费用,免收 70% ~ 85%。在那曲县医疗机构就医所发生的医疗费用,其门诊费用凭《家庭医疗账户本》在家庭账户基金中报销;住院费用凭《家庭医疗账户本》和医疗费用有效票据,在大病统筹基金中报销 70%～80%。在那曲地区以上医疗机构就医所发生的医疗费用，其门诊费用凭《家庭医疗账户本》在家庭账户基金中报销；住院费用凭《家庭医疗账户本》、县医疗机构转诊转院证明和医疗费用有效票据，在大病统筹基金中报销60%～70%。所产生的医疗费用，报销补偿的限额对缴纳个人筹资的牧民医疗补偿，每人每年累计不超过8000元；对未缴纳个人筹资牧民的医疗补偿，每人每年累计不超过6000元。

牧民孕产妇在那曲县各级医疗机构住院分娩发生的医疗费用，凭《家庭医疗账户本》、那曲县（地区）医疗机构转诊转院证明和医疗费用有效票据，在大病统筹基金中实行限价报销。对牧民孕产妇分娩实行奖励政策，凡牧民孕产妇在那曲县各级医疗机构住院分娩的，一次性奖励孕产妇30元，奖励护送者20元。

四　存在的困难和问题

目前，那曲镇卫生技术人员严重缺编，对顺利开展牧区医疗卫生工作带来许多困难。整个那曲县各类卫生技术人员只有195人，文化结构为：本科2人、大专7人、中专27人、无学历159人；职称结构为：中级2人、初级13人、医士49人，并且存在着镇卫生院招聘医生待遇低的现象，月工资只有495元/人，村赤脚医生待遇更是低得可怜，每人每月只有35～40元补贴，出现了村、镇缺医不少药的状态，目前门地22村尚没有一个赤脚医生；再加上国家给予免费医疗费用总额增长速度缓慢，但人口增长速度较快，出现了医疗费用严重不足的局面，这给医疗卫生的正常运转带来了诸多困难。

第四节　文化事业

一　文化设施

目前，那曲县有县级综合文化活动中心 1 座、那曲镇文化室 1 座。门地 22 村的文化设施建设主要是采取"政府出一点，援藏（主要是杭州市援藏干部）帮一点，群众出劳力"的办法，有效解决了门地 22 村文化室建设的资金来源和人力问题。门地 22 村文化室（见图 7－1）共有房屋 3 间，藏有关于西藏经济、历史、宗教、科技的相关书籍共 100 余册。除此之外，杭州援藏资金还为门地 22 村建起了卫星电视接收设备，为牧民收看电视节目提供了便利的条件。

图 7－1　那曲门地 22 村文化室（2007 年 7 月 31 日　王雪锋摄）

二　信息获取方式

门地 22 村获取信息主要是通过看电视、收听广播、读报等多种渠道。据我们调研得知：95% 拥有电视的用户每

天都收看藏语频道的新闻节目，从中可以掌握国家的大政方针，从而加快牧民群众思想观念转变的步伐。在国家目前正在投资建设的文化信息共享工程完成之后，门地22村的广播、电视利用率会进一步得到提高。门地22村还订有藏文版的《西藏日报》供牧民群众阅读。此外，那曲县还有9支电影放映队，但是人员老化现象比较严重，平均年龄都在50岁以上，再加上机构改革，人员没有编制，导致中青年人才缺乏。按规定，一个月到一个行政村放映1次，政府给予补贴。但门地22村达不到此标准。再加上大部分电影是汉语版的，即使是藏语也是拉萨藏语，门地22村很多群众存在着"听不懂"的现象。有些影片存在着"老化"现象，特别是随着电视的普及，愿意看电影的人越来越少了。有些领导建议把西藏在农牧区放映电影的资金配置在西藏电视台第三频道，放映相关内容，对宣传一些文化知识的效果可能会更好。

门地22村把文化室、电视、电影、宣传牌、墙报、印刷标语等作为宣传文化知识的媒介，有力地推进了本村的精神文明建设。近几年来，该村先后被评为"全国精神文明建设工作先进村"、"自治区基层精神文明建设示范单位"等（见图7-2至图7-6），这与加大文化设施建设力度是紧密相关的。

三　门地22村文化事业存在的问题

（1）经费严重不足。国家给予文化事业资金支持的比例不大。那曲地区文化部门每年给那曲镇5万元，而那曲镇再分配到各个行政村的经费就更少了。经费的严重缺乏，成为门地22村文化事业发展的重要限制因素。

图 7-2　那曲县防保服务中心 2006 年度信息工作先进单位
（2007 年 7 月 31 日　王雪锋摄）

图 7-3　那曲镇 22 村小康示范村和"三代"学教活动
先进集体称号（2007 年 7 月 31 日　王雪锋摄）

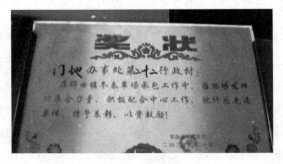

图 7-4　那曲镇门地 22 村冬春草场承包工作先进集体称号
（2007 年 7 月 31 日　王雪锋摄）

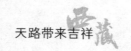

图7-5 那曲镇门地22村先进集体称号（2007年7月31日 王雪锋摄）

图7-6 全国创建文明村先进单位（2007年7月31日 王雪锋摄）

（2）文化基础设施需要加强。目前，整个那曲镇还没有正规的文化娱乐活动场所，到"十一五"末那曲所有乡镇及村级单位才建有标准文化活动场所，并有一定的活动所需设备。目前，门地22村的文化室面积不大，设施简陋，院子里杂草丛生，书架上到处都是灰尘，可以看出，该村文化室的利用率太低，与牧民群众文化素质亟待提高的现实不相适应。

（3）语言障碍。据我们调研得知：门地22村文化室里摆设的书大多都是汉语版的，很多群众看不懂，与群众所需知识相脱节，最终成为无人问津的"摆设品"，导致村民群众去看书的积极性不高，吸引力不强。

（4）文化资源开发不到位。门地 22 村是纯牧业村，交通便利，草原风光旖旎，原生态的资源有很多（见图 7-7、图 7-8）。目前除了低层次地办了些"牧家乐"项目外，其他文化产业的开发尚属空白，很多潜在的文化旅游资源优势没有转变为现实的经济优势。

图 7-7　那曲门地 22 村旅游业外景（2007 年 8 月 1 日　王雪锋摄）

图 7-8　那曲门地 22 村旅游业一角（2007 年 8 月 1 日　王雪锋摄）

附录一 专题报告

专题报告一
以牧民合作经济组织为依托
推进门地 22 村牧业产业化进程

一 门地 22 村以牧民合作经济组织为依托，发展牧业产业化的基本概况

那曲镇门地办事处 22 村位于那曲镇西南约 10 公里、那曲火车站西南方向约 2 公里处，属于纯牧业村。20 世纪 90 年代，门地 22 村村委会看上了该村在城郊和青藏公路沿线的区位优势，在原门地乡政府的支持下，先后有 40 家组成了 10 多个牧民合作经济组织，经营鲜奶、酸奶、奶渣等藏牧区的特色产品，其中最大的一个是原门地乡 1997 年成立的奶制品加工销售点，2002 年整合扶贫项目进行了规范和扩大，2004 年在那曲县有关单位的大力支持下，争取到 70 万元的城郊畜牧业项目资金，建设厂房，购买真空包装机、封口机、冰箱、消毒柜等设备，并组织群众进行培训。在此基础上，采取了国家和群众入股的形式，由群众负责，

以当地 3 户牧民群众家庭为基础，建立了由 15 人组成的牧民合作经济组织，实行自我管理、自我积累、自主经营、自负盈亏，同时帮助并带动当地贫困群众增收。该项目自实施以来，带动周边牧民群众入股户数从最初建厂时的 150 户发展到现在的 1000 多户。目前，该奶制品加工销售示范点已形成了那曲县"羌牛"牌门地酸奶，成为那曲县畜产品开发的示范典型，对推进门地 22 村畜牧业产业化进程和增加牧民收入奠定了坚实的基础。

二　以牧民合作经济组织为依托，推进门地 22 村牧业产业化进程的作用及重要意义

门地 22 村是以牧民为主体、牧业经济为基础的少数民族集居区。由于特殊的地理、历史和自然环境等诸多因素的影响，该村的经济发展水平很低，而又面临着全面建设小康社会和建设社会主义新农村的重大而紧迫的历史任务，必须积极探索发展门地 22 村牧业经济的新机制，以解决一家一户的小生产与千变万化的大市场之间的矛盾。要解决这一矛盾的最佳途径就是要大力发展牧民合作经济组织，提高牧民组织化程度，推进牧业产业化进程。

（一）有利于提高牧民的组织化程度，增加牧民收入

随着门地 22 村改革的力度不断加深，特别是青藏铁路的正式通车和那曲物流中心的修建，门地 22 村的经济发展水平得到了很大提高，畜产品生产有了剩余，出现了畜产品"卖难"现象。而以牧民合作经济组织为中介，走"公司（企业）＋合作经济组织＋牧户"的路子，就可以把一

家一户分散的牧民组织起来，改变牧民群众在市场中的弱势地位，对维护自身的正当利益起着很强的"保护伞"作用。门地22村奶制品加工销售点建设前，10斤鲜奶只能提取1斤酥油，产值20元，经过第一次改进传统生产方式，变成桶装后，每10斤鲜奶实现销售价70元，增加附加值50元。次通过进一步提高生产生活方式和产品卫生条件，10斤鲜奶实现销售价130元，增加附加值110元。这一合作经济组织的技术改进，对拓宽牧民的增收空间是十分有效的。门地22村奶制品加工销售点通过把牧户的畜牧产品收集过来进行加工，就可以使参与户年均增收400元左右。如门地22村的致富能人有3个，分别是：次仁多吉，该奶制品加工销售点的主要负责人，从事畜产品交易，现有资金50万元；索南聂扎，从事畜产品交易，现有资金40万元；吾琼，从事畜产品交易，现有资金20万元。通过上述事例可以看出，牧业产业化对增加牧民收入起着十分重要的作用。

（二）有利于牧业结构的战略性调整

牧业结构战略性调整，是对牧产品的品种、质量、牧业区域化布局和产品深加工进行全面调整的过程，也是加快牧业科技进步、转变牧业生产方式的过程。门地22村2006年生产总值为2044524.9元，其中第一产业收入为721602.9元，占总产值的比重为35.29%。而整个西藏2006年第一产业占自治区内生产总值的比重为17.6%，通过比较可以得出：虽然近几年门地22村产业结构调整的步伐不断加快（有些牧户开始从事运输业、经营商业等），但第一产业产值所占比重仍然偏高，呈现出典型的传统畜牧业特征。而通过"公司＋牧户"、"合作经济组织＋牧户"等多种产业组织形式，可以带动分散的牧户按照市场的需求进行专业化的生产，避免牧民生产的盲目性和趋同性。门地 22 村通过奶制品加工销售点的示范带动，积极引导牧户从一般品种的养殖向特色品种拓展，由高产向优质、高效转变，催使牧民群众的商品意识、市场意识逐渐觉醒，自觉地瞄准市场进行生产。据我们调研发现，门地 22 村一些牧户把家中剩余的奶渣采用传统工艺加工成酸奶，在黑昌公路沿线搭起帐篷，在每年的 7 月中旬至 9 月份进行销售，通过这一简单形式每户每年可收入 3000 多元。虽然这是非常简单的商品交易方式，但可以作为一些牧民商品经济意识发生重大转变的最好佐证。

（三）有利于提高牧民素质

广大牧民通过参与合作经济组织，投身到牧业产业化经营中去，有利于增强牧民群众的商品观念、市场意识、竞争意识、合作意识、民主意识、法律意识等与现代市场经济相适应的思想观念，这样可以进一步摆脱在牧民群众中长期形成的因循守旧、墨守成规、小富即安的传统思想观念束缚，进一步激发出广大牧民群众追求财富的欲望，促使牧民群众从"生产观"向"产业观"转变，从传统的种、养、加向现代大牧业转变，为牧业的可持续发展增强了后劲与动力。

（四）有利于形成有特色的牧业产业带

通过牧业的产业化经营，把牧产品的生产、加工、销售，采用统一技术、统一包装、统一品牌，组成一个完整的产业链条，这样有利于提高牧产品的市场竞争力，也是形成优质特色产业带的必要途径之一。正如那曲镇铁路沿线经济带牦牛育肥特色产业项目，门地 22 村奶制品加工销售点就是被选项目点之一，通过加强门地 22 村牧业基础设施，狠抓畜群结构调整，进行畜群选育和改良，进行统一品种、统一管理、统一防疫、统一加工，这对形成区域经济特色化、特色经济产业化、产业经济规模化，提高特色畜产品的市场占有率和市场竞争力，实现潜在的资源优势向现实的经济优势的转化发挥着日益重要的作用。

总之，该村奶制品加工销售点，以产品销售为市场导向，以能人带动为依托，其辐射功能不仅限于本村，对周边乡、镇也起到了很强的带动作用，不仅为群众带来了实实在在的经济效益，也带来了显著的社会效益和生态效益。

三 以牧民合作经济组织为依托，推进门地 22 村牧业产业化进程存在的主要问题及对策建议

（一）牧民合作经济组织的组织化程度低，带动作用不强

由于现实因素的制约，门地 22 村牧民合作经济组织的起步与西藏的拉萨、日喀则等地区相比较晚，发展水平较低，经营项目的科技支撑力不强，没有形成规模经济。在运作经营方面，仍保留着传统"家长式"的作风，主要是依靠负责人的权威和经验来管理，缺乏硬性条件的制度约束，在利益共享和风险承担方面，仍存在不公现象，在财产分配上没有与牧民群众形成稳定而又长期的契约关系，存在着一些短暂的、随机的资产关系，导致他们适应市场

的能力不强，有时难以抵御市场风险。

（二）牧产品的商品化程度不高，市场体制不健全

发展牧业产业化，必须要有健全的市场体系和完善的市场机制。由于牧民在市场竞争中处于弱势地位，为了保护其自身利益，增强在利益共同体中的谈判地位，减少交易费用，必须建立合理的经济利益调节机制，必须依靠市场机制的完善来形成契约或合同关系以约束加工销售环节中占强势的经济主体。但由于门地22村畜牧产品的出栏率很低，商品化程度不高（通过调研发现，门地22村80%的畜牧产品用于自食，20%的用于出售；2006年门地22村牲畜出栏率仅为28.6%，而整个那曲镇的牲畜平均出栏率为40.3%），再加上那曲镇的生产要素市场薄弱，市场辐射半径区域狭窄等诸多因素的制约，大大延缓了门地22村牧业产业化的进程。

（三）牧业产业化经营的软、硬环境建设滞后

牧业产业化经营的良好运行，必须要有一个易于发展市场经济的软、硬环境，这是牧业产业化的客观基础。对门地22村来说，不仅牧民群众的科技文化素质等软环境建设不足，而且经济基础设施建设也严重不足。

首先，门地22村广大牧民群众的科技文化素质不高，文盲半文盲所占比重大。门地22村现有实际劳动力220人，上过学的只有6人，占总劳动力人数的2.7%。从数据中可以看出：门地22村劳动力中文盲、半文盲所占比重相当大，整体村民的科学文化素质很低，这给门地22村畜牧业产业化经营戴上了无形的"枷锁"。再加上一些牧民群众的合作意识、市场意识、竞争意识不强，传统的思想观念仍然根深蒂固。究其原因，主要是门地 22 村远离内地和西藏的经济中心腹地，地理位置相对偏僻，牧民群众同外界接触少，信息闭塞；再加上门地 22 村的教育十分落后，导致接受新观念、新技术的能力差，人们的心理素质和精神面貌很难与飞速发展的经济形式相适应。

其次，门地 22 村牧业基础设施建设不足。很多草原受鼠害和虫害影响，草场退化、沙化严重，经常受到风灾、冰雹、旱灾等自然灾害的影响，草原的承载能力十分薄弱；再加上畜牧科技支撑力不强，导致门地 22 村抵御牧业自然风险的能力十分脆弱，再受投入资金严重不足的制约，道路、水利、电力等硬件设施建设的滞后成为加快门地 22 村畜牧业产业化进程的主要障碍。

（四）畜牧业产业化进程的产前、产中、产后衔接度不高

门地 22 村畜牧业产业化进程中产前、产中、产后衔接度不高主要是产前、产中、产后三者的关联程度不高，龙头企业的带动作用不强，产权关系松散，生产、加工、销售的内在协调程度较弱。门地 22 村畜牧业产业化经营的产前工程较薄弱，虽然政府在门地 22 村实施了母畜工程、奶牛工程、牦牛育肥工程，但群众参与热情不高，害怕风险，导致畜牧业产品出栏率不高，生产周期长，草肉转化率低，经济效益低下；产中主要是畜牧产品的科技含量不高，虽然门地 22 村奶制品加工销售点经过了两次技术改进，但在技术设备上，传统的生产工艺仍占主要成分，技术创新人

才严重缺乏，在软、硬件设施上与大规模的奶制品加工企业是无法比拟的；产后服务存在不畅现象，主要是指奶制品加工销售后市场营销的渠道不健全，没有形成网络化的格局，缺乏对本产品系统的 SWOT 分析（即对本产品的优势、劣势、发展的机会与所受到的威胁的分析），对本产品的价格、分销、促销缺乏完整的定位，品牌优势尚没有充分发挥出来，产品的市场占有率和市场增长率有待进一步提高。

四　以牧民合作经济组织为依托，推进门地 22 村畜牧业产业化进程的政策建议

（一）转变思想观念，树立"经营牧业"的理念

我们在门地 22 村调研发现，一些群众对于牧民合作经济组织以及畜牧业产业化对促进牧业经济发展的重要性认识不足，思想上存在偏差。有些人分不清牧民合作经济组织与 20 世纪 50 年代的合作社，有些人认为发展合作经济组织是走"回头路"，有些人谈"合"色变，害怕接受新事物，这在一定程度上严重制约了合作经济组织的发展速度。因此，面对西藏"一产上水平"的新形势，门地 22 村村民必须树立"经营牧业"的新理念，在坚持"三个长期不变"的基本经济制度下，大胆探索新的经济组织形式，本着因地制宜的原则，从当地丰富的特色资源优势出发，按照区域经济特色化、特色经济产业化、产业经济规模化的要求，突出特色，扩大规模，以便实现牧业科技附加值的提高，达到牧业资源的有效增值。

（二）进一步壮大龙头企业，增强辐射能力

龙头企业是推进牧业产业化的重要载体。因此，要选

择一批竞争力强、市场前景广阔、为牧户提供系列服务、与牧户利益关系稳定密切的龙头企业加以扶持和壮大，不断扩大规模，增强实力，发挥出龙头企业的带动和辐射作用。随着奶制品的市场需求量不断提高，奶类的消费呈逐年增加的趋势，消费的品种、层次都不断地上档次、上规格，消费市场潜力很大，生产前景非常广阔。面对这一大好形势，门地22村奶畜产品加工销售点应充分利用黑狮、黑昌、青藏公路和青藏铁路有利的交通条件和那曲镇人口、资金、技术等生产要素相对集中的优势条件，坚持以市场为导向，以科技为支撑，以资金为纽带，积极主动地调整产品结构，增加奶制品的产品类别，进行奶制品的升级换代，千方百计地把产品销往全区和国内市场，逐步形成网络化的市场发展格局。除此之外，还要积极利用各项优惠政策，推进民间投资步伐，提高奶产品的市场占有率和增长率，增强产品的知名度和美誉度。

（三）转变政府职能，为畜牧业的产业化进程提供良好的外部环境

企业和牧户是进行畜牧业产业化进程的主体。政府应在坚持农民合作经济组织法的前提下，在坚持"民办、民管、民受益"的基本原则下，为牧民合作经济组织和畜牧业产业化的龙头企业的正常运转提供有利的发展环境。

那曲县和那曲镇人民政府应对牧民合作经济组织和牧业产业化的龙头企业加大支持、保护和调控的力度，让其健康发展。首先，那曲县和那曲镇人民政府在扶持牧民合作经济组织和推进牧业产业化进程时，应坚持"有进有退，有所为有所不为"的原则，真正发挥出"扶持不干

预，帮忙不添乱，牵线不强制"的"孵化器"和"黏合剂"作用；其次，那曲县和那曲镇人民政府应根据门地22村的畜牧产品有产品优势但竞争优势不强的实际情况，积极制定特殊的税收政策，实行税收返还、二次赢利或建立"绿色通道"等相关税收政策，扶持目前经济势力较弱但市场潜力较大的门地22村奶制品加工业进一步发展壮大；再次，那曲县和那曲镇人民政府应采取切实有效的措施，积极争取国家、自治区、援藏资金项目向门地22村奶制品加工销售示范点倾斜，不断加强畜牧业产业化经营的基础设施建设，相关的农业发展银行、农村信用社等金融部门对门地22村合作经济组织和龙头企业的发展壮大应给予信贷支持。

（四）提高牧民素质是发展畜牧业产业化的根本途径

无论是发展牧民合作经济组织还是发展畜牧业产业化，都要加大对牧民群众的培训力度，通过多种渠道加大对牧民经纪人、带头人、领路人的培训力度，建设一支能够多出思路和举措，敢想、敢干、敢为人先，能够带领群众发家致富、奔小康的牧民经纪人队伍，培养一批懂技术、会经营、善管理、知法律的组织带头人、牧民经纪人、领路人。

首先，应强化基础教育，大力发展职业教育，重点抓好牧民职业技能培训，通过现场观摩、典型示范，使牧民群众掌握最实用、最有效的技术（如奶畜产品加工技术、牦牛育肥技术、牲畜疾病防治技术），让广大牧民群众从培训中受益，以便更好地激发出牧民学习科学文化技术的积极性和主动性。

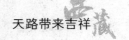

其次，充分利用那曲县、那曲镇相关部门的培训资源，对牧民合作经济组织的带头人或重要组织人员进行知识培训，有计划、有组织地安排他们到内地参观学习，以便开阔眼界，提高经营管理水平。

再次，那曲县和那曲镇人民政府应出台相关优惠政策，以良好的创业平台吸引大学生到基层去，到牧区去，政府为他们提供资金赞助，鼓励他们在牧区创业，带动一方群众共同致富奔小康。可大胆借鉴安徽科技学院三名大学生下基层的新做法：该三名大学生在上学期间就把户口转到中国农村改革开放的发源地——凤阳县小岗村，成为小岗村首先实行包干到户的18名农民之后的三名新时代具有改革创新意识的新农民，这三名学生以安徽科技学院的食用菌栽培技术为后盾，以政府提供长期优惠无息贷款为"母鸡"，发挥所学专业特长，在小岗村带领农民栽培蘑菇，使"母鸡"生出"金蛋"来，并使"金蛋"越滚越大。这种有益的尝试在条件更为艰苦的西藏农牧区，能够吸引大学生到基层创业，带领农牧民谋发展、奔小康，这也将是一项创新性的工程。

专题报告二
对门地 22 村草原畜牧业经济的几点认识

门地 22 村是一个纯牧业村，无任何种植作物，全村共有 5 个小组，2006 年全村有 96 户 466 人，男、女人数分别为 226 人、240 人，各占总人口数的 48.5%、51.5%。其中村里实际劳动力人数为 220 人，占总人口数的 47.2%，实际劳动力中专门从事畜牧业的有 190 人，专门从事运输业和商业的分别有 20 人和 10 人。门地 22 村是一个单一民族居住村，该村全部人口中，除藏族外，无其他民族。至 2006 年底全村有各类牲畜总数 7919 头（只、匹），草场承包总面积 31257.6 亩。

一 对门地 22 村放牧与草场问题的认识

（一）关于放牧

1. 定居放牧

门地 22 村由于地域面积狭小，邻近城镇，加上气候恶劣等因素，目前 5 个小组中无游牧放牧的牧户，据当地村民讲，以前该村也从未有过游牧现象，因为除划界承包草场外，周边地区（除安多无人区外）的公共草场早已被当地牧民占据，习惯性地成为当地牧民的原始牧场。要游牧只有去安多无人区，但安多无人区地域非常辽阔，不适合游牧，也无牧民敢去，牧民游牧一旦进去就很难出来。门地 22 村一直以来都是以定居放牧的方式为生，以前依靠帐篷定居放牧，随着该村经济社会的发展，逐步改变了该村住帐篷定居放牧的传统，尤其是安居工程的实施，该村家家住上了固定的房屋。目前该村完全改变了人畜混居的状况，基本实现了人畜分离。

2. 放牧方法与放牧方式

根据当地村民长期的放牧经验，他们认为放牧的方法与牲畜的成活率有一定的关系。科学的放牧方法能使牲畜长的健康、强壮、肥大，反之，不会放牧的，将会导致牲畜生病、死亡（生病、死亡主要是因牲畜乱吃东西，比如塑料等有毒物质或被动物咬死）或丢失。如附表 1 - 1 所

示，2005 年该村死亡牲畜共有 107 头（只、匹），死亡率为
1.35%，如牦牛死亡 25 头，其中 3 头被动物咬死，5 头病
死；绵羊死亡 44 只，其中 9 只被动物咬死，4 只病死；山
羊死亡 16 只，其中 6 只被动物咬死，4 只病死，2 只冻死；
马死亡 22 匹，其中 2 匹病死。再如附表 1－2 所示，2006
年该村计划养殖幼畜 3026 头（只、匹），实际养殖 2359 头
（只、匹），存活 1953 头，存活率为 82.78%，其中牦牛计
划养殖 709 头，实际养殖 355 头，存活 355 头，存活率
100%，丢失 2 头，与计划相差 352 头；绵羊计划养殖 1185
只，实际养殖 1131 只，存活 916 只，存活率 81%，死亡
321 只（其中 23 只病死），丢失 12 只，与计划相差 42 只；
山羊计划养殖 491 只，实际养殖 270 只，存活 185 只，存活
率 68%，死亡 85 只（其中 5 只病死），丢失 16 只，与计划
相差 205 只；马计划养殖 41 匹，实际养殖 3 匹，存活 3 匹，
存活率 100%，与计划相差 38 匹。该村牧民认为，以传统
的骑马放牧为主的放牧方法是科学的放牧方法，那些正在寻
找创新放牧技术的顽固牧民往往都是以失败告终。他们说，
该村贫困的牧户依旧贫困，因为他们不能够掌握科学的放牧
方法，放牧技术很差，而且无论怎么教育都无济于事。

附表 1－1　门地 22 村 2005 年牲畜死亡情况

2005 年底牲畜总数 7891 头（只、匹），死亡 107 头（只、匹），死亡率为 1.35%

	死亡总数	动物咬死	病　死	冻死	自然死	其　他
牦牛（头）	25	3	5	0	11	6
绵羊（只）	44	9	4	0	4	27
山羊（只）	16	6	4	2	0	4
马（匹）	22	0	2	0	18	2

资料来源：那曲镇人民政府提供的那曲镇 2006 年牧业年报。

附表 1－2 门地 22 村 2006 年幼畜存活情况

2006 年计划养殖牲畜 3026 头（只、匹），实际养殖 2359 头（只、匹），存活 1953 头，存活率为 82.78%。

	计划	实际	存活	存活率	死亡		丢失	与原计划相差
					病死	其他		
牦牛（头）	709	355	355	100	0		2	352
绵羊（只）	1185	1131	916	81	321		12	42
					23	298		
山羊（只）	491	270	185	68	85		16	205
					5	—		
马（匹）	41	3	3	100	0		0	38

资料来源：那曲镇人民政府提供的那曲镇 2006 年牧业年报。

据了解，放牧方式对草地有一定的影响。当地村民认为，以前在联营草场上无论是采取单户放牧还是群体放牧的放牧方式，对草地的质量并无影响（当时草地资源丰富），因为当年的草必须啃食干净，否则次年的草质、数量都会下降。但是由于牲畜数量增多，而该村仍维持着这种放牧方式，与以前相比，无论出草率还是草质都有所下降，若遇缺雨时节，网围栏内的草将会被啃食（因为网围栏空隙大，羊能钻进）。

该村村民说，冬天的风速也直接影响草的产量，因为牲畜从草场经过（尤其是牦牛）会使草地凸出，大风一吹，草就被吹走，次年凸出的草地将变得光秃。难怪我们调研时发现：在一片绿油油的广阔草原上，零零散散夹杂着许多"黑块"。需要说明的是，草原鼠对"黑块"也应承担一定的责任，若草原鼠在草地上挖的洞越多，凸出的草就越多，"黑块"也就越多。另据村民介绍，绵羊与牦牛由于啃食方法不一样，对草地的危害程度也有所差异。一般情况下，绵羊食草对草地的危害比牦牛大，虽然羊比牛啃食的少，但羊啃食草比牛啃食的厉害（好），牦牛只啃食草的表面，绵羊啃食通常是连根全吃，若先放牦牛后放羊，绵羊将会因草啃食不够而变瘦，甚至饿死。

二　关于草场

（一）草场退化

1. 放牧与草场退化

门地22村养畜的方式主要是以草原放牧为主，当草场退化后辅以人工饲养。人工饲养主要是以储存干草料和人的食物为主。

门地22村草场退化通常发生在每年的3～7月份，因为按照藏历，一月份是藏族的传统节日，牧民群众基本不在牧场放牧，因此对草场的人为影响并不大，二月份是节后开始放牧的月份，牧民群众通常先将牲畜放到草场吃草，待草料不足时再放到山上去啃食，致使三月份草场开始退化，随后进入人工饲养，四月份继续人工饲养，待草场经过近两个月的"休养生息"后，气候逐渐好转，草地已长茂盛，于是五至七月份成为该村放牧的最好季节，同时也是牲畜育肥育壮的最佳时机，这时的草场将承受超负荷的载畜任务，随之而来的是草场的再一次退化，到了八月份草开始枯萎，这时牧民群众开始为出售畜产品做准备，九至十月是买卖畜产品的最好季节，这两个月是畜产品需求量最大、价格最高、效益最好、从事畜产品交易最好的季节，十一至十二月由于气候转寒，除部分冬季草场外，其他草场皆无可供牲畜啃食的草料，牧民群众只有通过储存草料和人的粮食给牲畜过冬。

2. 草场退化原因

门地 22 村草场退化的原因大致有以下三种。

其一，超载与少载并存，导致草场质量下降，发生退化。首先，超载是由于部分牧户养的牲畜过多，对草地的超负荷利用所致。其二，少载是由于部分牧户懒惰，养的牲畜较少，又懈怠放牧，致使草地资源利用不充分，因为按照当地村民的说法，一年的草牲畜必须吃干净，否则下一年的草质、数量都会下降。其三，超载与少载是由该村的贫富差距所致，一方面，自家牲畜的多少决定该村的贫富差距；另一方面，牧民对待牲畜的态度（有的勤快，有的懒惰）也决定着牲畜的数量。总体来说，该村的贫富差距较大，富裕户不多，贫困户较多，勤快的牧民比懒散的牧民生活状况要好得多，可以说，草场超载是草场退化最主要的原因。

其次，雪灾、旱灾等自然灾害对草场退化有一定的影响。对门地 22 村而言，由于自然环境恶劣，雪灾几乎年年都有，一般在 11 月份前后，持续 5 个月左右，若发生一次大的雪灾，除造成草场退化外，牲畜死亡也不计其数，平均每户经济损失将达 1 万 ~ 2 万元，小雪灾的发生频率比大雪灾高，一场小雪灾带来的灾害和经济损失也是很严重的。据村民介绍，今年该村第一次发生旱灾，若降雨量不充足，将会产生一系列不良后果：草场长不茂→牲畜长不肥（主要是牦牛）→瘦弱牲畜带来经济损失（主要是牦牛）。

再次，草原鼠也给草原带来一定的危害。对门地 22 村来讲，草原鼠对草地退化的影响不容忽视，受各种因素制约，我们尚未对草原鼠害进行全面系统的调研，但身临门地 22 村牧区草场，举目四望，牧草稀稀落落，鼠洞一个挨一个，到处是一堆堆的黄土和白花花的牧草断根，草原上最活跃的是一只只胖嘟嘟的草原鼠。虽然村委会曾组织牧民试点采用过生物灭鼠方式进行灭鼠行动，其结果是草原鼠消灭了很多，可一旦大雪来临，没有草原鼠的活动，雪融化得很慢，对牲畜的采食又会造成严重影响。

（二）草场保护

对于如何保护草场，除非人为因素恶意破坏草场外，门地 22 村主要通过以下三种途径予以利用和保护。

（1）实行草场划界，即实行草场承包责任制。门地 22 村实行草场承包责任制主要是以户为单位，实行家庭承包责任制，承包草场面积的大小按照家庭人数和牲畜数目来确定，国家政策是"10 分 7：3"，即 70% 按家庭人数分，30% 按牲畜折羊数分。需要说明的是，由于政府不允许转租承包草场，该村目前还没有专门从事草业的牧户。

（2）网围栏保护。政府提供铁丝等网围栏材料，由村委会组织牧户将承包草场进行圈围，以免牧民随意放牧，牲畜随意吃草，为避免网围栏遭到破坏，通常由村委会或牧户之间安排 3 人轮班看护。

（3）季节性轮牧。主要是通过冬季人工饲养来缓解冬季草场的承载力，据当地村民介绍，在门地 22 村，冬季草场是最优质的草场，面积比平时放牧草场要少，通常夏秋季节禁止在冬季草场上放牧，牲畜过冬时，牧民只将长得肥的、壮的牲畜放到冬季草场上吃草，其他的牲畜圈养，圈养的饲料主要是储存草（据当地村民介绍，种植储存草的办法是这里的祖先传授下来的，沿用至今。方法是：先把青稞、小麦种在草场里，这样会使草长得很茂盛，营养价值也非常高，然后再从茂盛的草场割草，收割季节一般在 10 月份左右，收割的草堆放在储藏圈内，作为冬季饲料）。除储存草外，也有用人食喂养的情况（尤其是在发生雪灾情况下）。据了解，在冬季，部分牧户由于牦牛数量过多，在草料缺乏的情况下，人食不能及时供给，顾此失彼，时常会有牲畜饿死的现象。

在该村，虽没有滥采滥挖等破坏草场的行为发生，但牧户们就"如何提高产草量"、"如何提高草质"等养草意识和草原生态环境保护意识也不高，任凭草自然生长，原因在于他们没有任何技术、设备（诸如化肥、窝棚等）去养草。

三　对门地 22 村畜牧业与畜牧业经济问题的认识

（一）关于牲畜饲养

1. 牲畜品种、数量

门地 22 村饲养的畜种绝大多数是在粗放的繁育、放牧管理方式下驯养、培育出来的原始品种。这些品种也基本上是自然选择的结果，其优点是对当地高寒、缺氧、低压的自然环境具有极强的适应性和对恶劣条件的抗逆性，其缺点是除牦牛、马等品种外，绵羊和山羊不具备定向的生产用途，生产性能不高，属兼用型品种，经济效益也不如牦牛高。据当地村民讲，牦牛不仅易养，而且市场需求旺盛，肉、奶、皮价格高，收入也最多，所以该村只有 27% ~ 28% 的牧户养羊（绵羊、山羊），而牦牛、马则是 100% 的牧

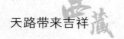

户养。

（1）2005 年末至 2006 年末牲畜存栏情况。该村饲养的牲畜品种主要以传统的牦牛、绵羊、山羊和马为主。2005 年末最终牲畜总数为 7891 头（只、匹），其中牦牛 2826 头，绵羊 3801 只，山羊 1126 只，马 138 匹。2006 年末牲畜存栏总数为 7919 头（只、匹），其中牦牛 2952 头，绵羊 3846 只，山羊 1020 只，马 101 匹，比上年增加 28 头（只、匹），新增率为 0.35%，其中牦牛增加 126 头，绵羊增加 45 只，山羊减少 106 只，马减少 37 匹。从牲畜存栏总数变化看，2005～2006 年该村仅增加存栏牲畜 28 头（只、匹），变化不大，但从牲畜品种的存栏新增量上可看出，该村正逐步通过调整畜种结构来适应客观环境的变化，提高经济效益。2005～2006 年经济效益最高的牦牛存栏新增量最多，增加 126 头，经济效益较低的山羊存栏新增量最少，减少 106 只，仅具有生产和生活性能的马的存栏数减少 37 匹。

（2）2006 年牦牛、马的年龄构成。从牲畜年龄结构来看，2006 年该村幼年牦牛有 355 头，1～2 岁牦牛有 440 头，2～3 岁牦牛有 293 头，3～4 岁牦牛有 370 头。幼年马有 3 匹，1～2 岁马有 16 匹，2～3 岁马有 10 匹，3～4 岁马有 12 匹，4～5 岁马有 20 匹。可见，因受高原特殊自然环境及畜牧现代化水平较低等因素的影响，门地 22 村牲畜生长、成熟的时间相对较长。据有关资料显示：畜牧业发达的国家，牛一般是 12～16 个月出栏，最长的也不过 24 个月，中国的一般情况是 3～5 年成熟出栏，而西藏则高达 4～8 年。2006 年该村入栏牲畜总数为 956 头（只、匹），其中牦牛 155 头，绵羊 696 只，山羊 95 只，马 10 匹，出栏牲畜总数为 196 只，均为山羊。

（3）2006 年各类牲畜内部结构情况。从各类牲畜内部结构来看，2006 年门地 22 村牦牛有 2952 头，占所有牲畜总数的 37%，其中母牦牛有 1684 头，占牦牛总数的 57%，幼年母牦牛有 1075 头，占母牦牛总数的 63.8%，基础母牦牛有 807 头，占幼年母牦牛总数的 75%，其中，2~3 岁与 3~4 岁的基础母牦牛分别为 452 头、355 头，雄牦牛有 250 头，占牦牛总数的 8.5%。绵羊共有 3846 只，占所有牲畜总数的 48.6%，其中母绵羊有 2190 只，占绵羊总数的 57%，幼年母绵羊有 1800 只，占母绵羊总数的 82%，基础母绵羊有 1410 只，占幼年母绵羊总数的 78%，其他绵羊有 155 只，占幼年母绵羊总数的 8.6%。山羊共有 1020 只，占所有牲畜总数的 12.9%，其中母山羊有 593 只，占山羊总数的 56%，幼年母山羊有 487 只，占母山羊总数的 82.1%，基础母山羊有 185 只，占幼年母山羊总数的 38%，其他山羊有 42 只，占幼年母山羊总数的 8.6%。由此可见，因母畜是扩大再生产的基础，门地 22 村畜群结构基本是以繁殖母畜为基础，按适当的比例配备其他性别、用途的牲畜，使其有利于再生产，降低成本，增加产品量和提高出栏率。据相关资料显示：一般在畜群结构中，基础母畜应达到 50%，后备畜应达到 30%，公畜及其他畜应达到 20% 的比例。

（二）牲畜存出栏率

西藏畜牧业由于长期受小农经济意识的影响，广大农牧民群众总以牲畜数量的多少来衡量富裕的程度，致使长期以来大小牲畜的综合出栏率始终不高，老、弱、病畜不能及时淘汰。虽然门地 22 村由于与外界信息接触得比较多，

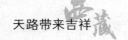

思想解放得也比较早，市场经济意识的树立也先于其他地方的牧民群众。但是和区内其他牧区相比，全村牲畜的出栏率呈现出中等水平，2006 年该村可以出栏牦牛总数 359头，实际出栏 139 头，存栏 220 头，可以出栏绵羊 2017 只，实际出栏 450 只，存栏 1567 只，可以出栏山羊 174 只，实际出栏 109 只，存栏 65 只，马出栏总数为 28 匹，2006 年门地 22 村牲畜存栏率为 32.67%，出栏率为 28.6%。

（三）牲畜育肥率

2006 年门地 22 村用于牧区基础设施建设的支出主要有公共粮库建设支出、车类维修支出、草场建设支出三项，三项支出额分别为 65705 元、269 元、133438 元。该村现有草棚 50 座，2006 年新建 2 座；畜圈 171 个，2006 年新建 2个；暖棚 545 座，2006 年新建 462 座，维修 83 座；住房181 间，2006 年新建 85 间，维修 96 间。通过牧业基础设施建设力度的加强，该村畜牧业经营方式逐步由传统粗放的数量型畜牧业向现代集约化的质量、效益畜牧业转变，牲畜及畜牧业综合生产能力得到提高，2006 年该村共有牲畜7919 头（只、匹），其中幼龄牦牛有 720 头，育肥 478 头，育肥率为 66%；幼龄母绵羊有 1800 只，育肥 1800 只，育肥率为 100%；幼龄母山羊有 487 只，育肥 487 只，育肥率为 100%；幼龄马有 36 匹，育肥 36 匹，育肥率为 100%。

四　关于畜牧经济

（一）2006 年门地 22 村经济总收入情况

20 世纪 90 年代，门地 22 村村委会一班人马就瞄准了该村在城郊和青藏公路沿线的区位优势，并带动本村牧民群众多渠道增加收入，在乡镇党委、乡镇政府的支持下，该村先后有 40 家组成了 10 多个牧民联合组织，经营鲜奶、酸奶、拉拉等藏牧区的特色产品，他们还利用区位优势进行小型度假村、小商品出售等多种经营。青藏铁路修建过程中，为多渠道增加群众收入，该村在那曲镇劳务输出领导小组及相关单位的帮助下，积极将剩余劳动力向铁路建设方面转移。近几年，打工收入已经开始成为该村牧民群众增收的主要渠道，成为该村经济收入不可缺少的一部分。2006 年该村生产总值为 2044524.9 元，收入全部来自畜牧业收入和其他收入，分别为 721602.9 元、1322922元，总支出为 449724.9 元，纯收入为 1594800 元，人均纯收入为 3600 元。该村的其他收入主要有手工业收入、建筑业收入、运输收入、劳务收入、商业收入、服务收入等。

（二）畜牧业收入

2006 年该村畜牧业总收入为 721602.9 元，其中牛肉收入为 258480 元（平均 8 元/千克），山羊肉收入为 164325 元（平均 6 元/千克），牛毛收入为 3542.4 元（平均 8 元/千克），牛绒收入为 23616 元（平均 20 元/千克），绵羊毛收入为 13461 元（平均 5 元/千克），山羊毛收入为 612 元（平均 6 元/千克），山羊绒收入为 18360 元（平均 80 元/千克），牛皮收入为 36730 元（平均 100 元/件），绵羊皮收入为 101583.5 元（平均 50 元/件），山羊皮收入为 8965 元（平均 50 元/件），（牛）羊奶收入为 88680 元（平均 1.6元/千克），其他收入为 3248 元。从以上数据看出，2006 年

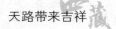

该村畜产品收入中，肉类产品收入最多，占畜牧业收入的58.6%，其中牛肉收入在所有畜产品中比重最大，占畜牧业收入的35.8%，其次是皮类产品（尤其是绵羊皮）、奶类产品、毛类产品收入，分别占到畜牧业总收入的20.4%、12.3%、8.3%。从畜种产品收入来看，奶类产品收入不计其内，牦牛产值最多，其次是山羊、绵羊，产值分别占畜牧收入的44.7%、26.6%和15.9%。

（三）畜产品产销情况

门地22村绝大多数牧民群众家庭的基本收入主要来源于畜牧业。据该村牧民介绍，对于市场（商品）观念，该村广大牧民以前并未认识到，现在，尤其是青藏铁路通车后，全村村民都认识到了商品经济的好处。虽然观念转变，牧民群众都明白畜产品用于出售比自用利润要大，但直到目前，该村大部分牧户生产的畜产品大半部分仍用于自家食用，出售的只占小部分。如附表1-3所示，2006年，该村畜产品销售量和自食自用量分别占畜产品总产量的27.2%、72.8%，其中，肉类产品中有32.7%用于销售，其中牛肉、山羊肉销售量分别占牛肉、山羊肉总产量的38.7%、25.5%；除牛毛全部自用外，其他毛类产品全部用于出售，但产量、销售量不多；皮类产品中除小羊羔皮全部留作自用外，其他全部用于出售，但产量、销售量也不大；奶类食品，除出售少量牛奶外，基本全部自己食用。另据该村村民介绍，畜产品自食和出售的数量因人口而定，一般情况下，在门地22村，畜产品80%用于自食，富裕户也不例外，而对贫困户而言，自家生产的畜产品不够食用的几率挺大，有时政府要给予帮助。

附表 1 – 3 畜产品产量及销售情况

单位：千克

畜产品名称	产量	自用	销售	畜产品名称	产量	自用	销售
牛 肉	32310	19800	12510	绵羊皮	2031.67	0	2031.67
山羊肉	27387.5	20400	6987.5	山羊皮	179.3	0	179.3
牛 毛	442.8	442.8	0	小羊羔皮	406	406	0
牛 绒	1180.8	0	1180.8	牛 奶	47450	40000	7450
绵羊毛	2692.2	0	2692.2	羊 奶	7975	7975	0
山羊毛	102	0	102	牛 皮	367.3	—	—
山羊绒	102	0	102				

资料来源：那曲镇人民政府提供的那曲镇 2006 年牧业年报。

对于畜产品如何销售，该村村民说，有些牧户直接将活畜拿到市场上去卖，有些牧户屠宰后再运输到那曲镇销售，一般将公的、壮的、肥的卖掉，母的、小的留着。利润最大的是将原产品送往奶制品加工销售点加工后销售，牧户可自己加工好运往销售点，也可由加工点加工，直接运往那曲镇去卖，由牧户自主选择。通常情况下，与奶制品加工销售点合作的牧户，富裕户一般收入在 4 万 ~ 5 万元/年，一般家庭收入也不会低于 1 万 ~ 2 万元/年，平均每户可达 3 万元/年。

五 青藏铁路开通对门地 22 村草原畜牧业经济的影响

青藏铁路开通前，门地 22 村草场面积广阔，人均占有草场充裕，在青藏铁路开通后，该村的草场面积骤然减少。牧户家庭承包草场虽未受影响，但联营草场地域明显减少。

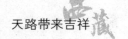

据了解，联营草场面积至少减少了一半，原因是那曲火车站就建在该村附近，青藏铁路恰好穿过该村草场，将该村草场分割成两半，青藏铁路附近的半边联营草场被封，被封后的草场平时禁止放牧，只有冬季牲畜才能钻过桥洞去食草，这也是该村目前唯一一块冬季草场。

青藏铁路通车，那曲火车站修建共涉及门地22村5个小组的草地征用，扣除扶贫牧场30亩地的所得金额55100元，该村牧户共得到总征地补偿金额4181246元，这4181246元按照草场损失的比重及所养牲畜的比重和人口进行合理分配，个体牧户获征地补偿实际金额具体计算公式如下：牧户获征地补偿实际金额（元）＝所在组人均金额（元）×牧户人数＋所在组牲畜平均金额（元）×牧户牲畜折羊数（只）（即一头牛＝5只羊，一匹马＝6只羊）－扣除金额（元）（即在此次补偿中，对没有经过有关土地部门审批，私下进行非法土地买卖的36户，将扣除私下进行非法土地买卖的非法款项）。在这次征地补偿中，得到征地补偿费最多的是门地22村第5组的贡加家，共得到实际金额191916.36元。他家共有9人，牲畜折羊数为531只，而且贡加家所在的第5组是人均金额和牲畜平均金额最高的一组。不考虑扣除金额，得到征地补偿费最少的是门地22村第2组的单生户贡桑家，家中仅他一人，无任何牲畜，同样可知，他所在的第2组人均金额是最低的，若考虑扣除其非法所得金额6000元，该户还欠征地补偿款3760.04元。

青藏铁路通车后，门地22村联营草场面积减少，但牲畜并没有相应减少，夏秋两季草场明显存在严重超载问题，至今还未得到有效解决。目前该村正通过减少牲畜数量来防止超载，牧民只有通过宰杀牲畜，将畜产品进入市场销售，直到草场不超载。我们调研时值8月份，据当地牧民介绍，现在这个季节他们宁可超载，也不会宰杀牲畜去卖，因为会出现亏损，只有等到最好的季节（即11月份左右，这时肉价最高，需求最旺），他们才会将牲畜宰杀后去销售，以将损失减为最小。由于受青藏铁路通车客观因素的影响，目前该村对于超载有罚款的明文规定，但未发生罚款现象，又考虑到公平使用联营草场，牲畜多的富裕户要向牲畜少的贫困户或无畜户缴纳一定的费用，按照牲畜个头状况由村长来计算，一般不会发生纠纷。在与当地村民交谈中得知，到今年销售季节该村超载牲畜将全部宰杀，年底有望能够解决超载现象。随着门地22村草地面积的减少，在解决完青藏铁路通车后遗留的超载问题后，为达到草畜平衡，该村今后饲养的牲畜数量肯定会减少，据了解，将来饲养牲畜的数量将比往年减少约一半，但经济收入并不会受太大影响，该村牧民将通过改变经营方式和调整畜种结构的方式，来弥补牲畜总量的下降。

对门地22村所有村民而言，青藏铁路将是一条致富路，短期的损失虽然存在，但从长远考虑，青藏铁路不仅将为邻近城镇的门地22村全村人民带来更多的经济财富，而且还会带来科技、教育、文化、卫生等一系列好处。例如，门地22村村委会副主任、该村奶制品销售点负责人次仁多吉所说，青藏铁路未开通前，奶制品加工销售点的利润每年平均每户在3万元左右，平均一般不超过3万元，利润高的可达4万~5万元，利润低的也有1万~2万元。作为中介人，他每年能获8万~9万元利润，青藏铁路通车后，因旅游人数增多，购买销售点产品的人自然增多，利润一下就上升到20多万元。当谈到对奶制品加工销售点未来的展

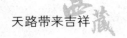
望时，他说，他们将充分利用青藏铁路这条致富路与内地商人进行合作，改进设备，引进人才，扩大生产规模和销售渠道，并预计未来加工销售点的利润每年将达到100万元以上。再如，青藏铁路未通车前，门地22村群众特别是妇女同志充分利用便利的交通要道条件和青藏铁路修建的机遇，大力发展城郊畜牧业和小商品及饮食业。2006年，门地22村26户仅通过卖酸奶一项收入就达8000元，卓玛次仁、次仁卓玛、次仁央吉、央勤等通过卖小商品、饮食等各自赚了15000元左右，另外白玛玉珍家通过办小吃部、卖小商品和酸奶收入高达24000元。2005年，还有13名妇女为铁路修建输出劳务，2个月每人收入2140元。青藏铁路通车后的门地22村，在青藏线两侧建起了多家乳制品销售点，在村子里办起了商店、家庭旅馆，家家参与经营，收入一年比一年增加。

六　几点建议

根据门地22村当前草原畜牧业存在的现实问题，本着实事求是、循序渐进的原则，门地22村要迈上现代化草原畜牧业的发展道路，我们的建议如下。

（一）遵照生态优先，走"边发展边保护，在发展中保护生态"的畜牧业发展模式

首先，必须以科学发展观为指导，正确处理好生态、生产和生活之间的关系，进一步将草原生态保护提升至战略高度，采取切实措施防止草原资源开发带来的草原生态破坏。譬如，在推行禁牧、休牧制度过程中，要切实做好村里劳动力有效转移等后续工作。要通过推行天然草地综

合治理技术等科技措施来提高草原生产能力和载畜能力，逐步解决人畜和牧草间的矛盾，遏制草原退化趋势。

其次，引导牧民群众树立科学养草的观念。牧民定居并不意味着"定牧"，牧民无故意破坏草地的行为也不意味着牧民能够主动保护草原，转变牧民生产方式的关键在于树立可持续发展的科学意识，有效调动牧民群众保护和建设草场的主动性。

最后，加大对天然草原恢复和建设项目的投入，加快草原保护和建设的步伐，巩固和扩大生态建设成果。

（二）科技兴牧，走集约化、专业化发展道路

现代草原畜牧业必须用先进的科技"武装"起来，运用科技推进畜牧业生产由粗放数量型向质量效益型转变，促进畜牧业增长方式向专业化、社会化、集约化方向发展，克服门地 22 村畜产品生产分散、规模小、规模不经济的状况。可以说，科技兴牧是门地 22 村实现高投入、高产出、高效率草原畜牧业发展目标的关键。按照科技兴牧的客观要求，门地 22 村要逐步实现向现代草原畜牧业集约化、专业化方向发展，至少要做到以下几点要求：首先，要加大科研投入，鼓励各类畜牧科教机构和社会力量参与改良牧草、改良畜种、改良管理等畜牧技术研究，解决技术难题和提高科技创新。其次，要搞好科技示范推广试点工作，使牧民群众真正体会到科技在提高畜牧业生产力和经济效益中的巨大作用。再次，要推进重大实用畜牧技术入户工程，从根本上提高牧民群众的经济效益。最后，要在提高牧民科技文化素质和技能方面下工夫，强化对牧民的科技培训，提高牧业劳动者的生存和发展能力。

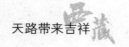
（三）以市场为准则，健全畜牧业社会服务体系

从总体上看，门地 22 村经济市场化的程度还不高，这严重制约了现代草原畜牧业的发展。因此，只有提高门地 22 村的市场发育程度，围绕畜牧业，做好在生产、流通以及技术、信息等各个环节的服务工作，引导门地 22 村村民置身于市场环境走商品生产的道路，才能促使门地 22 村社会分工的形成，逐步走向市场化。譬如，在生产加工领域，要提高生产的组织化和市场化程度。通过大力引进、扶持和培育龙头企业来组织畜产品的生产和加工增殖，带动牧民按照市场需求调整畜牧业结构，从而形成具有草原特色的绿色畜产品品牌，最终提高畜产品市场的影响度和竞争力。在产品流通领域，要改变自产自销的现状，坚持一切以那曲镇、全区、国内三个市场为取向，搞好畜产品中心市场、批发市场、集贸市场和生产要素市场构成的市场流通体系建设，实现物畅其流，促进畜产品流通的综合功能。此外，还需进一步完善门地 22 村基层畜牧兽医站和畜牧技术推广服务体系的建设，确保畜牧业发展的安全、牲畜的出栏率和商品率。最后，要进一步加强门地 22 村电力、水利、教育等基础设施服务部门的建设。

专题报告三
以青藏铁路为契机
推进那曲旅游业跨越式发展

那曲藏语意为"黑河"。那曲地区地处西藏自治区北部，东西长约 1156 公里，南北长约 760 公里；东依昌都，南与拉萨、林芝、日喀则相连，西接阿里，北与新疆维吾尔自治区、青海省毗邻，处于青藏高原腹心地带。整个地区在唐古拉山脉、念青唐古拉山脉和冈底斯山脉怀抱之中，西边的达尔果雪山、东边的布吉雪山，形似两头猛狮，守护着这块宝地。那曲地区占地 42 万平方公里，是西藏自治区总面积的 1/3，这就是人们常说的"羌塘"。整个地形呈西高东低倾斜状，平均海拔 4500 米以上，被称为"世界屋脊的屋脊"。这里风光旖旎，气候宜人，景象万千，山水险峻多姿，蕴藏着丰富的自然资源、独特的人文资源，尤其是世界最高的湖泊——纳木错湖，尼木自然风光，申扎鸟类王国景象、更是异常壮观。美丽多姿的自然风光，闻名遐迩的雪山神湖，孕育了丰富多彩的民族文化和独特的民族风情，为旅游业的发展提供了广阔的前景。

一　那曲旅游资源简介

藏北多山多水，那曲最高的山是念青唐古拉山主峰，海拔 7111 米，全地区超过 5000 米的山峰多达 31 座，其中超过 6000 米的山峰有 11 座；这里有数量众多的湖泊，世界第一大高原湖泊——纳木错湖就坐落在这里。全地区大大小小的湖泊共计 370 个，湖泊总面积达 3 万平方公里，占全自治区湖泊总面积的 81%，其中面积超过 100 平方公里以上的大型湖泊有 11 个。各类湖泊中不仅有着丰富的鱼类资源，也蕴藏着富饶的盐、碱、硼等稀有矿产资源，同时也是水草丰盛的天然牧场和野生动物乐园。

藏北高原地势高，生态环境特殊，人烟稀少，西部大片地区被称做"无人区"，迄今仍基本保持着原始的自然面貌，保存着世界上最珍稀的野生动植物群落。这里的珍稀动植物不仅数量多，而且绝大部分为该地区所特有，其丰富的野生动物资源不亚于南部非洲大陆。这里还有以保护高原特有自然景观和珍稀动物为目的建立的羌塘自然保护区。该保护区中的野生植物主要有虫草、贝母、雪莲花等；野生动物中有 10 多种是特有的珍贵物种，被列为国家级重点保护对象，如野牦牛、野驴、藏羚羊、高原熊、獐子、白唇鹿、雪豹、猴、猞猁、盘羊、石羊、黑颈鹤、天鹅、白马鸡等属国家一、二级保护动物，还有毛皮珍贵的狐狸、旱獭等，以及黄羊、雪鸡、狼、野鸭、黄鸭、斑头雁等动物。列入国家和自治区级重点保护的野生动物共有 40 多种。

那曲不仅拥有丰富的自然旅游资源、动植物资源，而且还拥有别具特色的宗教文化、人文旅游资源。那曲地区共有苯教寺庙 23 座，噶举派寺庙 25 座，宁玛派寺庙 18 座，格鲁派寺庙 48 座，各种拉康、日追、仓康 120 多座。其中最大的寺庙是黄教孝登寺，是藏北第一大寺庙。孝登寺在八世达赖时修建，距今有三百多年的历史，1980 年孝登寺被列为自治区重点文物保护单位。那曲还有藏北唯一的帐篷寺庙——柏尔贡巴，寺庙的措钦大殿、拉康和僧舍都由帐篷搭成，远远望去，与蒙古包十分相似。达尔木寺为格鲁派寺庙，这里最著名的是比如骷髅墙。在这里，死人天葬后，头骨都被留下来，在天葬台的西南侧搭成了一面骷髅墙，约有骷髅 200 余个。这种景象在世界上是绝无仅有的，每年吸引大批游人前往观看。

在长期封闭的自然环境下，藏北人民创造了自己独具特色的民风民俗。富有民族特色的踢踏舞和锅庄舞最能展现出藏北人的热情开朗、豪爽大方和能歌善舞。藏历新年、雪顿晒佛节、祈祷大法会、雷声节、燃灯节、那曲恰青赛马艺术节等无不洋溢着浓浓的雪域特色，对旅游者产生强烈的神秘感和吸引力，这也是那曲旅游业独具特色的魅力所在。那曲镇被西藏列为开放的旅游区之一。每年8月是藏北的黄金季节，一年一度的那曲恰青赛马艺术节在此举行，区内外的游人商贩云集藏北，专程来参加赛马节的外宾也越来越多。

那曲西部的神山圣湖，神秘的无人区内众多的珍贵野生动植物资源，吸引了众多游客；东部高山峡谷地区也有许多自然溶洞尚待进一步开发；象雄王国遗址、草原八塔、卓玛峡谷、绒玛岩画和温泉等独一无二的旅游资源无不对游客产生着强烈的吸引力。目前，那曲地区已组建了旅游总公司，正在进行那曲至班戈、申扎、尼玛、双湖"一线五点"的旅游开发工作。那曲饭店作为涉外旅游定点饭店，服务设施和条件不断改善，现有床位230张，前来藏北旅游的国内外客人也呈逐年增加的趋势。

二 青藏铁路推动那曲旅游业的发展

那曲地处青藏铁路、青藏公路、黑昌公路交汇点，地理位置优越，交通相对比较便利，是进出西藏的北大门。青藏铁路那曲段全长512公里，约占格拉段全长的72%，途经安多、那曲两县11个乡（镇）。特殊的地理区位优势使那曲具有发展旅游业得天独厚的优势。

千年唐蕃古道，今日青藏铁路。青藏铁路的开通使得西藏旅游呈现出"井喷"式的发展势头，国内外"西藏热"不断升温。那曲独特的民风民俗、神奇的自然风光、广袤无垠的大草原，无不对游客充满诱惑力。青藏铁路这条钢铁巨龙的腾空出世，给那曲旅游业的发展带来了难得的历史机遇，提供了新的发展空间，并产生了深远的影响。青藏铁路通车一年来，那曲地区在铁路沿线开发旅游资源，逐步培育和推出了"双湖野生动物观赏园"、"长江源头格拉丹东"等一批旅游项目。同时，在"吃、住、行、游、购、娱"等方面大做文章，积极引导景区景点附近富余劳动力参与旅游开发，有效地增加了农牧民收入。2007 年，那曲地区共接待国内外游客 17.8 万人次，实现旅游收入 2300 万元，同比增长 4.2%，并带动了相关产业的发展①。2006 年 7 月至 2007 年 6 月那曲地区共接待海内外旅客 181445 人次，实现旅游收入 2315 万元。其中外国旅客 937 人次，较之青藏铁路通车前增长 87%。2007 年旅游业发展势头更加迅猛，截至 2007 年 5 月，那曲已接待国内外旅客 6.02 万人次，实现旅游收入 782 万元，与 2006 年同期相比分别增长了 25% 和 23%②。

"一条天路下高原，天上人间凭探看。"激增的数字背后，离不开青藏铁路通车效应的带动。2006 年 7 月 1 日，青藏铁路格拉段正式通车，使得那曲与祖国内地的联系更加紧密。

那曲的交通虽然相对西藏其他地区来说比较便利，但由于公路客运状况和舒适度较差等原因，一定程度上限制了经公路到那曲旅游的游客数量；而较高的机票价格也抑制了部分客源。青藏铁路的开通，使那曲旅游业具备了高速发展的基础，大量的游客进藏首先要进入那曲地区。作为进藏旅游的必经之地——那曲，也拥有其独特的自然资

---

① http：//news. eastday. com/c/20070825/u1a3067382. html.
② http：//hunan. voc. com. cn/湖南在线. 2007 - 8 - 29 9：23：34.

源和人文资源，有理由成为游客逗留、游玩的首选。据预测，2010 年到西藏旅游的人数有望达到 528.24 万；如果每位旅客直接消费维持在 2002 年的 1100 元的水平上，旅游产业直接收入可达 58 亿元[①]。进藏旅游人数的激增，必将带动那曲旅游业的火爆，同时也将带动那曲住宿餐饮等行业的快速发展。

三　那曲旅游业发展存在的问题

青藏铁路的开通带来游客数量的大幅度增加，使得那曲旅游业在感受到青藏铁路带来无限发展潜力的同时，也逐渐显现出旅游业发展过程中的不足之处。

（一）旅游基础设施及其配套设施条件仍然较差

旅游交通和旅游接待基础设施至今仍是制约那曲旅游业发展的"瓶颈"，旅游景点地可进入性差，制约了旅游业产业带动作用的发挥。那曲相对其他地区来说，交通条件要好一些，但有的景点至今仍然没有公路，进入景点的线路几乎都是土路。这些道路崎岖不平，车辆难以通行，二三十公里的路段要走两三个小时，经常出现陷车、堵车的现象，游客的大部分时间都耗费在途中；旅游基础设施薄弱，服务设施还不配套。从 2006 年 7 月青藏铁路通车开始，那曲出现了前所未有的"一票难求，一床难找"的现象，这充分说明了相关服务配套设施的滞后；景区规划不合理，重复建设太多，一些必备的服务设施建设跟不上。

---

① 拉巴次仁：《进藏旅游不再遥远》，2006 年 2 月 21 日《西部时报》。

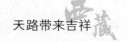

（二）旅游资源的开发投入不足，缺乏必要的规划和建设，难以形成真正的旅游品牌

旅游资源与其他资源一样，必须经过开发才能发挥效益，而旅游资源无论是开发抑或是经营，都需要资金来支持。由于资金投入不足，那曲的一些旅游景点基本上是自然的、"先天的"，有的缺乏必要的修饰，有的缺乏统一规划和设计，有的则缺乏挖掘和开发，使得一些旅游资源的潜在优势没有得到充分发挥。

在市场经济的今天，品牌的力量是非常巨大的。强势品牌的市场份额远远高于其他品牌，全球3%的强势品牌占领着40%以上的市场份额。没有品牌就没有竞争力、没有品牌就没有市场。产品有品牌，企业有品牌，旅游目的地也得有品牌。正如品牌决定一个企业在市场中的地位一样，一个旅游目的地是否拥有强势品牌也会直接影响游客的决策，使得该旅游目的地较其他地方更具有吸引力和竞争力。那曲由于尚未形成旅游的品牌特色，影响了旅游资源优势向经济优势的转化。

（三）旅游业的宣传力度不大，缺乏强有力的宣传促销手段

发展旅游业，仅仅有好的旅游资源与产品是远远不够的。"酒香不怕巷子深"的时代已经一去不复返了，当今社会是信息时代，信息就是资源，信息就是金钱，没有广泛而有效的促销宣传，就不能占据竞争激烈的旅游市场。由于宣传力度不够，缺乏强大的市场支撑，那曲旅游市场开发力度不大，产业带动作用不强，旅游业关联度大的优势

没有充分发挥出来。

（四）旅游专业人才匮乏

随着青藏铁路的开通，游客数量的大幅度增加对那曲旅游业从业人员的数量和素质提出了新的要求。众所周知，人才是影响经济与社会发展诸因素中最为重要的因素。对于那曲旅游业的发展来说，人才短缺问题尤为突出。人才短缺直接导致那曲旅游业发展滞后，发展后劲不足。旅游业不像传统行业，随着经济的发展，旅游业对从业人员的文化技术要求越来越高，不经过高级的专业培训，不具备大学学历或专业上岗证书，是很难胜任工作要求的。但是，目前那曲现行旅游管理和经营机构不完善，经营管理水平和服务质量过低，总体素质不高，并且缺乏精通业务的管理和经营人员，远远不能适应旅游业发展的需求，从而直接影响了旅游收入和对其他产业的带动作用。

（五）旅游资源带有明显的季节性

那曲地区属亚寒带气候区，高寒缺氧，气候干燥，多大风天气，年平均气温为 $-0.9℃ \sim -3.3℃$，年相对湿度为 $48\% \sim 51\%$，年降水量 380 毫米，年日照时数为 $2852.6 \sim 2881.7$ 小时，全年无绝对无霜期。受气候条件限制，那曲旅游业受季节影响较大，淡旺季十分明显。每年的 $5 \sim 9$ 月相对温暖，是草原的黄金季节。这期间气候温和，风和日丽，降雨量占全年的 80%，这时的草原一片青绿，万物茂盛，游客数量剧增，对于旅游景区基础设施、交通、通信、餐饮、娱乐、医疗等方面的需求量大幅度攀升，有些景区的基础设施甚至难以满足游客的需求；每年

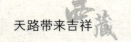

的 11 月至次年的 3 月间，是干旱的刮风期，这期间气候干燥，温度低下，缺氧风沙大，持续时间长，这时候旅游业就显得十分萧条，生意冷清，许多基础设施闲置，造成了资源的大量浪费。

四　依托青藏铁路推进那曲旅游业跨越式发展的对策

为了进一步推动青藏铁路沿线旅游业的发展，国家旅游局已将"青藏铁路沿线旅游区"列为中国旅游业发展"十一五"期间优先规划和建设的重点旅游区。正在编制中的"青藏铁路沿线旅游发展规划"，旨在整合沿线旅游资源，打造高品位的旅游线路与产品，完善这一区域的旅游功能、设施和项目。结合国家宏观政策以及那曲旅游业目前存在的问题，我们提出了以下发展对策。

（一）加大旅游基础设施投入，为那曲旅游业跨越式发展创造良好的外部环境

青藏铁路开通带来游客数量的快速增长，使得那曲现有的旅游基础设施、接待服务设施和旅游景区系统管理已远远不能满足市场需求。尤其在旅游景点、旅游设施、旅行社、旅游车辆、餐馆饭店等方面都面临巨大的需求增长。特别是季节性热点旅游线上接待能力不足的问题日益凸显。目前，那曲旅游产业的发展规模、水平都不能适应这种突发的市场变化，没有能力消化迅速增长的客流。面对这一历史性的变化，如果不做好充分的准备，季节性的接待能力不足问题将成为短期内制约那曲旅游业发展的瓶颈。完善旅游基础设施，营造独具高原特色的旅游环境，是那曲旅游开发的重要一环。目前，那曲应进一步加大投资力度，

集中力量，加快重点旅游线路、旅游景区的基础设施建设，加快与旅游业发展相关的交通、通信、电力和城市配套设施建设，为旅游业发展创造良好的硬件环境，也为旅游特色产业的发展创造良好的外部环境。

（二）充分挖掘旅游资源的自身潜力，加大旅游整体宣传力度

那曲旅游资源十分丰富，但大多数处于尚未开发或是浅度开发的状况，可观赏性差。通过对现有的资源进行深层次的开发，才能使潜在的资源优势转化为经济优势。那曲应抓住青藏铁路通车后进藏游客逐年增加，西藏旅游不断升温的有利时机，以原生态大草原生态游为主线，大力发展牧家乐、草原生活体验等特色旅游业，重点新建那曲镇温泉度假村，新建旅游产品加工厂，修复比如县骷髅墙、错鄂鸟岛，开发西部野生动物观赏区等，实现"以点带线"的旅游开发格局。同时以藏历新年为例，重点打造冬季节庆和民俗活动，丰富旅游内容，弥补旅游业淡旺季差异较大的缺点。

"立足特色、整合资源、面向世界"，加大旅游客源市场的开发、促销力度；国内外促销联动，以吸引全球游客来那曲旅游。加强宣传促销，全力提升羌塘旅游知名度。瞄准"奥运—旅游"和"世博—旅游"两大商机，强化整体营销、区域合作营销。新时期要想把潜在的消费市场变成现实的消费市场，需要通过多种宣传、促销手段来扩大消费群。利用电视、广播、报刊、网络等媒体，对旅游资源进行有特色、有主题的宣传；并利用羌塘恰青赛马艺术节的有利时机，采取多种形式进行推介，让越来越多的人走进那曲来了解、认识那曲，对那曲形成强烈的旅游需求渴望。

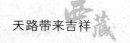

（三）树立品牌意识，创新旅游产品体系，全面提升那曲旅游形象和知名度

由于品牌具有使旅游产品突出个性、增加附加值、开拓市场等功能，因此，那曲旅游业在今后面对国内外两大市场，在充分发掘藏民族自己的传统旅游商品的同时实施品牌战略，无疑将是提升旅游企业"战斗力"的有效选择，一定要以质取胜，打造旅游精品品牌。大力开发具有藏民族特色的多品种高档次旅游产品，提高旅游业综合经济效益。

那曲拥有许多"世界第三极"特有的世界顶级旅游资源，这些旅游资源为设计旅游产品提供了无与伦比的素材。但目前该地区主打的旅游产品仍以传统观光旅游为主，产品种类单一，科技含量不高。随着旅游业竞争的加剧，旅游产品的更新速度加快，传统观光旅游产品面临着以科技为背景的新兴旅游产品的挑战。因此，那曲旅游产品的设计要在传统旅游产品的基础上加大创新力度，根据旅游资源的特点，突出旅游资源的特色优势，全力把那曲打造成游牧之旅、名人故里之旅、江河之旅、草原雪山之旅、朝圣之旅、探险之旅、生态之旅和民俗之旅。

（四）进一步建立健全旅游管理人才的引进和培养机制

在今天，旅游业的竞争日益激烈，要想在激烈的竞争中表现不俗，必须提高旅游从业人员的整体素质，加强职业道德修养，形成一支训练有素、经验丰富的专业人才队伍，尤其要有一批有头脑、有知识、有创新意识的管理队伍。旅游业的竞争最终是旅游人才的竞争，是旅游从业人员整体素质的竞争。

从旅游形象创立、品牌塑造、旅游产品的开发、旅游宣传到旅游设施、设备技术的应用、旅游服务的提供，都离不开人力资源的投入。然而，人才短缺问题，不是依靠那曲自身的力量就可以解决的，在相当程度上，尤其在今后相当长一段时期内，那曲旅游人才短缺问题，必须主要依靠引进外来人才的方式加以解决。一方面，要积极探索引进人才、留住人才、用好人才的机制；另一方面，积极开展内地大学旅游管理人才定向培养；同时，积极改革用人制度，加强资质管理和岗位培训。

（五）处理好保护与开发的关系，增强那曲旅游业可持续发展的能力

虽然青藏铁路旅游带的旅游资源大多保持了较好的原始性，但随着旅游开发项目建设和大量游客的涌入，那曲传统文化和高原脆弱生态环境的保护将面临越来越大的挑战，因此，可持续的发展道路是那曲区域协调发展和旅游发展道路的唯一选择。这对那曲提高旅游资源的永续利用能力具有十分重要的现实意义。那曲旅游业不论其独特的藏文化体系，还是脆弱的自然生态系统，都需要精心呵护，两者的保护才是那曲旅游业可持续发展的基石和保障。换言之，那曲旅游的开发必须是在保护前提下的开发，青藏铁路的建成也应有利于那曲传统文化的保持和弘扬，有利于那曲旅游业的可持续发展。

（六）建立旅游投资的多元化机制，鼓励民间资本介入旅游业的发展

那曲旅游资源丰富独特，地域辽阔而基础设施落后，

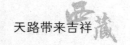

要实现旅游业的跨越式发展仅靠中央和地方政府的投资是远远不够的，必须充分调动各方面的投资积极性，广泛吸引社会各界对旅游业发展的投资，鼓励国内外民间资本参与旅游业的开发建设，尤其是基础设施的建设。当前政府应该采取各项措施进一步优化投资环境，尽快建立起吸引多元化旅游投资的工作机制，抓好旅游资源开发项目的招商引资工作。坚持"开发、管理、受益"相统一的原则，在项目投资上实现多元化，对已建、在建、待建项目，采取以国家投资为主，私人独资、合资、合作等方式为辅的渠道进行管理和开发，为那曲旅游业实现发展提供有力的资金保证。

青藏铁路的全线贯通，将中国铁路大动脉引入到那曲。这不仅打通了高原天堑，也使那曲旅游业跨越式发展成为可能。青藏铁路将有效地缓解多年来困扰那曲旅游业发展的"瓶颈"，给那曲旅游业的发展带来新的机遇，推动那曲经济社会的巨大发展。同时，青藏铁路也真正成为那曲各族人民的经济线、团结线、幸福线和生态线，必然也为西藏地区经济的繁荣、人民生活水平的提高带来更多新的希望。

专题报告四
西藏农牧民的发展性贫困初探
——基于门地 22 村调研的思考

一　门地 22 村村民贫困的基本情况

该村贫富的程度主要以羊的只数来衡量。按 1 头牛折 5

只羊来计算，平均每人 25 只羊以下属贫困户，10 只羊以下属特困户，100 只羊以上属富裕户，25 ~ 100 只羊属中等户，每人达到 25 只羊就算已经脱贫。

据我们发放的 50 份问卷统计结果显示：98% 的牧户认为该村贫富差距很大。据我们对俄玛迪格村最富裕的户——扎央家走访调研得知，他家有 112 头牦牛、213 只绵羊、55 只山羊；而俄玛迪格村最贫穷的户——次央巴姆家，有 8 口人，1 位老年残疾人，一年政府补贴 600 元，家中有牦牛 30 头，绵羊和山羊共 33 只，自己家中没有房屋，住的是修建青藏铁路时，修路工人曾经住过的房屋；而乌提多玛村贫穷户——多琼家有 4 口人，一对夫妻，2 个孩子，家中除了畜牧业收入外，没有任何其他收入来源，拥有牦牛 8 头，绵羊和山羊共 54 只，年收入 2000 元左右，而年支出需 4500 元左右，资金不够用，只能向周围亲朋好友借债来维持生活。

该村有五保户 2 户，共 2 人。对五保户，全体村民每年捐献牛羊肉、酸奶、酥油、奶渣，现在国家给五保户补助的标准为每月 120 元左右，每个自然村在每年秋季（大约藏历十至十一月左右），给五保户酥油 24 斤，奶渣 36 斤，肉 120 斤，牛粪 180 袋，每年给 1 次。除此之外，该村采取的扶贫方式也有贫困户向富裕户讨要些牛羊的，本自然村也有施舍给贫困户牛羊的，其他自然村也有施舍贫困户牛羊的现象。

大多数村民导致贫穷的原因主要如下。

（1）人口多、牲畜少，人均占有牲畜数量少，再加上儿女成家，又要花很多资金，有的家庭要给儿女分家，把本来数量就不多的牲畜分给儿女，导致穷上加穷，陷入了恶性贫困循环陷阱。

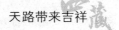

（2）也有自然灾害的原因。有时天气干旱，草生长的不茂盛，牲畜吃不上草，有时经常受到雪灾侵害，如1997年该村受到一次大的雪灾，大量牲畜死亡，使牧民的生活处于窘迫之中。

（3）该村村民的理财能力欠佳。该村大多数牧户没有存钱的习惯，一年收入多少基本上就花多少，再加上国家给的补偿又不多，使牧民投入到牧业再生产中的资金严重不足，严重制约了门地22村畜牧业经济的跨越式发展。

（4）生活资料价格较高导致贫穷。该村村民每年卖了牛羊肉后，收入主要用来买粮食（青稞、大米、面粉等）、买家具，但很多牧民反映，这些必需品价格高且质量不好，使得本来收入不高的家庭每年用于生活资料的支出就占去收入的很大部分，导致恩格尔系数很高，这为自身素质的培养和提高带来了不利条件。如曲朗老人有声有色地向我们叙述：20世纪60～70年代，商品质量好，牧民孩子放牧一年穿2双鞋（夏季、冬季各一双），现在一个月换2～3双，质量坏的5天换一双。

（5）铁路征地补偿方面。由于各牧户生产资料的占有数量不同，导致分配悬殊较大。如门地22村的乌提自然村每人平均补助2000多元，俄玛迪格村每人补助9000多元，而笛格村每人平均补助13000多元。由于拥有的资金数量相差较大，用于以后再生产的投入或经营副业所需资金的差距也就相应拉大，有可能进一步产生"马太效应"。

二 西藏农牧民贫困的内涵和主要表现

（一）西藏农牧民贫困的内涵

由于社会、历史等诸方面的原因，西藏农牧民的贫困由来已久。西藏民主改革前存在的几千年的封建农奴制以及建立在这个制度基础之上的生产关系和上层建筑所产生的巨大影响是阻碍当今西藏发展和人民群众迅速致富的一个重要因素。但我们今天关注的焦点与其说是西藏与内地的固有悬殊差异，不如说在于改革开放以后向市场经济转型的宏观背景下，由于发展的基础、政策和机遇等条件的不同导致发展的结果大相径庭，从而使得西藏与其他发达地区差距扩大。一般认为，社会经济发展是人这一主体根据外在各种资源条件而寻求改变自身生活处境能动性活动的过程。那么，在这样一个过程中，主体发展的可能性和可靠性将取决于他能否获得能动性发展的机制，能否获取发展所不可或缺的资源以及能否具备求取发展的能力。概括说来，机制、资源与能力，是主体发展成功的可能和可靠的基础。三者之中，缺少任何一个，都可能带来贫困或让人们陷入不发达的境地。同时，机制、资源与能力的具备都分别具有一个与发展要求相适应的最低水平。在研究西藏农牧民的贫困时，我们发现，贫困的症结并不在于某一单一资源的短缺，而是某种功能性机制因素的欠缺，个体发展的能力相对较弱，并且三者之间缺乏良性的互动运作。更重要的是，在西藏，这种能动性机制不仅与社会制度或政策有关，而且与联系着人们心理与情感的复杂的文化因素相交织，与人们长期生活的习惯模式、行为准则和价值观念有着千丝万缕的联系，与他们生活习惯、行为准则和价值观念不同的人或事就很难被接受。而且由于穷人的有限理性，他们往往属于风险规避者，在获取市场信息和渠道有限的情况下对新技术的采用或教育投资等方面都比较谨慎，进而无动于衷或盲目排斥。因此，西藏农牧民的贫困本质我们可以这样来描述：因为存在功能性机制、发展资源与主体求变能力等方面的欠缺，未能分享整个社会进步和经济增长取得的积极性成果而陷入生存性贫困的一种贫困形式，我们称之为发展性贫困。

西藏农牧民的这种发展性贫困，首先是由于社会经济环境包括经济、社会、历史、文化、宗教、政治等多方面存在的问题，导致各个行业之间、产业之间联系不够紧密，社会各个部门的资源主要是人力资源配置不够合理，社会运行机制缺乏高效率，不能给广大农牧民提供丰富的就业和发展机会。其次是由于自然环境的恶劣和资源的缺乏，导致农牧民可以利用的发展资源十分有限，只能在有限的空间内寻求突破。最后是农牧民个人求变能力和就业技能的缺乏，关键的是创新意识和创新能力的缺乏，往往又导致他们面对自己的困境束手无策，有些时候想不到改变而自甘贫穷、无动于衷，有些时候想到了改变却又无力改变，结果产生"听天由命"的思想，发展动力减弱，在既无就业机会和发展资源的情况下任由贫困发生和持续。

西藏农牧民的发展性贫困不同于一般的生存性贫困。生存性贫困是以人最基本的生理需求为基础确立的贫困。一般说来主要是以人的衣、食、住为依据。根据生理学的判断，正常人每日生存所需要的营养为 2100 千卡。而发展性贫困依赖的基础是人的素质与技能的运用。当一个人的生理素质与知识技能不能适应市场竞争需要、缺乏持续收入能力时，他必然要被社会所淘汰。西藏农牧民的发展性贫困也不同于平常所说的相对贫困。相对贫困是一种横向相比的贫困，是指生活水平低于所在国家或地区平均水平一定比例的人口或家庭。而发展性贫困则侧重于自身的纵向相比，变动的基础是自身素质与能力是否能够保证其获得必要的、不低于过去的收入标准。发展性贫困虽然也表现为收入的变动，但它不把收入变动作为比较前提，收入的变动仅仅是发展性贫困的结果。西藏农牧民的发展性贫困不仅是收入的贫困，也是能力的贫困、思想上的贫困，贫困者缺少的是经济机会和赚钱的能力，并有脆弱性的特点。

因此，西藏农牧民的贫困不能再被看做一种生存危机，脱贫也不能满足于维持生命存在的基本营养需要，西藏农牧民需要的是发展的技能和知识；也不能仅仅把西藏农牧民的贫困看做基于自然条件恶劣之上的"循环型贫困"，西藏农牧民更加需要的是高效的社会经济运行机制，需要的是给他们提供更多的能参与进去的工作机会；西藏农牧民的扶贫也不能简单地被看做行政命令或任务，各级政府努力的方向应是把更多的农牧民培养起来、吸收进来，更好地利用西藏的资源，让西藏经济产生质的飞跃。

（二）西藏农牧民发展性贫困的主要表现

1. 发展的基础条件贫困

（1）自然地理位置限制了经济地理位置。

首先，西藏四周有高山环抱，即南部的喜马拉雅山脉、北部的喀喇昆仑——唐古拉山山脉和东部的横断山脉，从而成为一个相对封闭的地理单元，区域内也因高山阻隔，导致交通不便。这就导致了西藏交通和信息的不畅，阻碍着信息、技术和文化传播，阻碍着物资、矿产和人口的运输，造成西藏远离中国经济中心、远离重要贸易通道、远离海洋的局面，限制了经济地位的提高，为西藏经济发展、

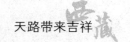

农牧民脱贫致富带来极大困难。西藏的贫困地方多分布在偏远山区，远离中心城镇，交通不便，信息不畅，同外界交往少，处于封闭半封闭状态，商品生产观念淡薄。

其次，西藏的许多资源具有可替代性，对市场的影响力小，即使有些资源具有优势，如水力、铜矿等也因运输路线太长而抵消了这种优势，从而降低了其经济地理位置的重要性。

最后，西藏与四川、青海、新疆、云南 4 个兄弟省区相接，这些省区与西藏一样都属于西部不发达地区，经济发展相对落后，靠近西藏的地县更加落后，本省区的经济辐射尚不足以使其更快地富裕起来，对西藏的辐射力就更为有限。另外，西藏又与印度、尼泊尔、不丹、锡金、缅甸、克什米尔等国家和地区毗邻，边境线长达 4000 多公里，这些国家都处于南亚贫困带，使西藏不能得到强有力的经济辐射力。

（2）脆弱的生态环境和较多的自然灾害。

西藏地处素有"世界屋脊"之称的青藏高原，平均海拔在 4000 米以上，其中海拔高度超过 5000 米以上的地区，约占西藏总面积的 45% 以上。这种状况彻底改变了西藏的气候，使广阔的面积优势受到强烈的扼制，降低了土地、生物资源、矿物资源及水资源的利用价值，生态环境极为脆弱。海拔高低标志着农业气候资源要素的丰缺，海拔越低，农业气候资源越丰富，物产越多；海拔越高，农业气候资源越贫瘠，物产越稀少。像日喀则定结县郭加乡、定日县尼辖乡，地处 4100 米以上，是西藏有名的穷地方。那儿植被覆盖率很低，天然草场量少、质差，退化严重，发展畜牧业难度大；人均占有耕地少，且缺水缺肥，发展种植业也相当困难；自然环境恶劣造成人地矛盾、草畜矛盾十分突出，生产能力低下，一方水土养活不了一方人。

西藏又是中国西部遭受自然灾害最严重和发生率最高的地区之一，雪灾、洪水、干旱、风沙等自然灾害最为严重，土地盐碱化、崩塌滑坡、地震灾害发生频繁，危害范围较大。雪灾对西藏畜牧业的打击更是毁灭性的，可以称之为"白色恐怖"。实际上，西藏每年都有小型雪灾，每隔五年便有一次大雪灾。畜群在经受一次打击后，需要五年的时间得以恢复，接着便要承受又一次打击，然后再恢复，再接受打击，如此循环往复。自然生态环境的恶劣和自然灾害的频繁发生，给西藏人民的生产、生活带来了严重危害，也严重制约着西藏农牧民的脱贫和经济的发展。

更重要的是，西藏一部分贫困者是因为居住在偏远山沟峡谷，由于当地饮用水中缺乏某些矿物质和维生素，导致了甲状腺、大骨节、痴呆等地方病的发生，危害了当地居民的身体健康。上述地方病短期内或者仅靠其本身很难治愈，并且有一定的遗传性，结果往往容易造成贫困者部分或完全丧失劳动能力，导致生活贫困。

2. 发展的社会经济环境贫困

越来越多的人注意到，在现实经济生活中，对经济起作用的不仅仅是经济活动中可测量、看得见的那一部分（包括技术、资本、物化的资源等），重要的还有看不见的、但会对经济活动产生诸多影响的、被称之为"社会经济环境"的那一部分。

西藏社会经济结构呈非典型二元结构，这是被诸多学者论证和认可的。西藏社会制度发生根本性改变是在1959年民主改革以后，由于前后两个社会制度的巨大差异，在新的社会制度建立之时，它所赖以建立的经济基础及必要的意识形态属空白，因此社会制度带有很大的镶嵌性质。经济体制也是如此，它与社会制度同时镶嵌到西藏，在不能和原有经济基础及意识形态作更多激烈冲撞的情况下，只能产生总体供给制模式下的西藏社会经济的一系列运行机制。其中，以非经济因素支配经济活动的宏观效应问题，实际上已构成不明显的社会二元结构。著名学者孙勇先生早在 20 世纪 90 年代初便提出这一理论框架，并作出精辟的论述："西藏社会机制的二元性是非典型的。在国家政治、经济一体化的过程中，占主导地位的是社会主义国家的社会、文化、经济、民族方针政策，其中相当部分又以法的形式确立、巩固下来。而原有社会机制通常是以非成文的、习惯风俗的形态运行的，带有很强的基础性与惯性。应当承认，非典型的二元社会机制经常作拉锯与冲撞，是我区经济社会矛盾运动的一个重要原因。""西藏非典型二元经济结构表现在：有一定数量企业并有一定产值的工业部门。但工业部门现代化程度不高且不是经济增长的主导部门。农村中的传统农牧业（包括家庭是农牧产品加工业）却经常在经济生活中发挥着主导作用。值得注意的是，传统农业近十年在劳动生产率未有明显提高的情况下，反倒产生了大量剩余劳动力，而这些剩余劳动力根本无法被增长的工业部门吸收。西藏工业部门多年来非为经济效益而生产，利润和资本积累呈现下降趋势，使现代企业大多发生萎缩。非典型二元经济结构使工业部门在常规状态下，短期内没有资本大量积累和加速积累的可能。"

正如孙勇先生所说，西藏目前的非典型二元经济结构的本质在于它是外生的，即由外部镶嵌的、缺乏内在的经济利益驱动、缺乏活力的经济结构。在这种经济结构的制约下，难以形成以追求经济效益最大化为目的的人的经济理性行为，在这样的社会经济环境下，也导致农牧民获利能力低下[①]。

另一方面，西藏和平解放 50 多年来，逐步形成了一定的行业布局，这种布局是计划经济体制下形成的，从整个行业看，党政群占 70%，事业占 20%，企业占 5%，非公有制占 5%。这种布局极大地妨碍了社会经济发展的调节作用，造成经济上的依附性，使社会经济发展在低水平上徘徊。而从国家工作人员布局看，党政群占 45%，企事业占55%。其中，专业技术人员占 35% 左右，且多数集中在文教和卫生系统，农牧、工业技术人员仅占 7.8%，从事基础性开发研究的技术人员几乎没有。而且随着技术的不断更新和发展，农牧、工业、信息等专业技术人员日益紧缺，发展新兴产业面临着人才枯竭的处境。更为严重的是，越往基层，人才越奇缺。在基层，专业技术人员不仅少，而且文化水平低，技能差，根本不具备接受新技术培训的知识水平和条件。这种行业、国家人员布局和结构的失效也给西藏的经济运行效率带来负面的影响。

从西藏劳动力产业结构和 GDP 产业结构来分析，西藏劳动力产业结构明显滞后于 GDP 产业结构的幅度。从西藏的实际情况来看，如附表 1 – 4 和附表 1 – 5 所示，虽然GDP 的产业结构和劳动力结构的变动都基本遵循克拉克定律，由第一产业向第二产业和第三产业转移，但是由附表1 – 6 不难看出，二者之间的错位状况仍显著存在，存在不

---

① 孙勇：《西藏：非典型二元结构下的发展改革》，中国藏学出版社，1991，第 34 ~ 38 页。

合理的成分。通过计算分析，西藏第一产业是正偏离度（在 40 左右），这表明西藏第一产业劳动力生产率较低，需要转移大量的剩余劳动力；第二产业和第三产业都是负偏离，第二产业在 -15 左右，第三产业在 -30 左右，这表明第二产业和第三产业劳动力比重偏低，而且吸纳就业能力并不稳定，它们对国民经济的贡献率没能达到对应的比例。

附表 1 - 4　西藏三次产业从业人员情况

单位：万人,%

年份	合计	合　计			构　成		
		第一产业	第二产业	第三产业	第一产业	第二产业	第三产业
2001	126.33	89.65	8.16	28.52	71.0	6.5	22.5
2002	130.20	89.63	8.11	32.46	68.8	6.2	25.0
2003	132.81	85.14	12.36	35.31	64.1	9.3	26.6
2004	137.32	86.00	13.17	38.15	62.6	9.6	27.8
2005	143.60	86.39	13.60	43.61	60.1	9.5	30.4

资料来源：《西藏统计年鉴 2006》。

附表 1 - 5　2001 ~ 2005 年西藏生产总值构成情况

单位：亿元,%

年份	合计	西藏生产总值			构　成		
		第一产业	第二产业	第三产业	第一产业	第二产业	第三产业
2001	139.16	37.54	31.97	69.65	27.0	23.0	50.1
2002	162.04	39.75	32.72	89.56	24.5	20.2	55.3
2003	185.09	40.70	47.64	96.76	22.0	25.7	52.3
2004	220.34	44.30	52.74	123.30	20.1	23.9	56.0
2005	251.21	48.04	63.52	139.65	19.1	25.3	55.6

资料来源：《西藏统计年鉴 2006》。

附表 1－6 西藏 GDP 产业结构与劳动力产业配置结构及其偏离度

年份	GDP 产业结构 V_{ij}(GDP)			劳动力产业结构 V_{ij}(L)			偏离幅度 C_{ij}		
	一产	二产	三产	一产	二产	三产	一产	二产	三产
2001	27.0	23.0	50.1	71.0	6.5	22.5	44	－16.5	－27.6
2002	24.5	20.2	55.3	68.8	6.2	25.0	44.3	－14	－30.3
2003	22.0	25.7	52.3	64.1	9.3	26.6	42.1	－16.4	－25.7
2004	20.1	23.9	56.0	62.6	9.6	27.8	42.5	－14.3	－28.2
2005	19.1	25.3	55.6	60.1	9.5	30.4	41	－15.8	－25.2

资料来源：根据《西藏统计年鉴 2006》整理得出。

3. 发展的人力资本贫困

现代人力资本理论的先驱西奥多·舒尔茨曾经指出："人的知识、能力、健康等人力资本的提高对经济增长的贡献远比物力、劳动力数量的增加要重要得多。""在改善穷人的福利中，决定性的生产要素不是空间、能源和耕地，而是人的质量的改进。"现代经济发展也已经证明，人力资本是经济发展的根本动力和关键因素。没有人力资本，其他资本就失去了存在的前提，就不能成为资本。西藏农牧民贫困的根本原因就在于人力资本尤其是农村"能人"的短缺。何景熙等人在分析基础性人力资本投资与西藏经济增长方式的转变中，用劳动力的受教育程度代表劳动力的人力资本存量水平，得出的结论是：2002 年农村劳动力人力资本存量全国为 7.79 年，西部 12 省（区、市）为 7.06 年，西藏为 2.51 年，西藏不仅与全国相差甚大，也远远落后于西部 12 省（区、市）的平均水平。该文指出，西藏人口特别是劳动力人口文化素质低是严重制约西藏经济发展的内生因素。据《西藏日报》2001 年公布的第五次人口普查数据和有关资料显示：全区每十万人中具有大学文化教育程度的为 1262 人，占 1.26%；低于全国平均水平

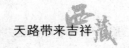
（3.61%）2.35 个百分点；具有高中文化程度的为 3395 人，占 3.14%；具有初中文化程度的为 6136 人，占 6.14%；具有小学文化程度的为 30615 人，占 30.62%；全区文盲人数为 85.07 万人，文盲率为 32.5%，高于全国平均水平（7.22%）25.28 个百分点。在人口文化构成中，文盲、半文盲和具有小学文化程度的人口占总人口的 53.24%，初中、高中文化程度的占 5.79%，大学文化程度的仅占 0.56%，人口平均受教育时间为 3.7 年，绝大部分人口文化程度不到小学 4 年级水平①。

通过对附表 1－7 各种不同文化程度人口比重的考察，可以看出，1982~2000 年，西藏具有大学文化程度的人口增长了 2.32 倍，初中文化程度的人口增长了 1.96 倍，小学文化程度的人口增长了 1.11 倍，而不识字或者识字较少的人口数减少一半。这表明，近 20 年来，西藏人口受教育程度提高了，但是从结构来看，大学文化程度、高中文化程度、初中文化程度的人口增长较快，而小学文化程度的人口增长较慢，导致文盲和半文盲人口的减少较缓慢。而这种文化程度状况导致了西藏农牧民的贫困类型中，大多是因为人力资本的缺失造成的。大多贫困者不会生产，有的把握不住农时，不会选种，不会计算种子比例，不会使用化肥农药，有的沿袭千百年来落后的生产和经营方式，甚至是刀耕火种的耕作方式，农田、草场、牲畜、农作物没有发挥应有的生产能力，从而导致产出低，生活贫困。还有的不会生活，不会家庭理财，秋收后大吃大喝，收回的

---

① 赵曦、周炜：《21 世纪西藏农牧民增收的途径》，中国藏学出版社，2006，第 63 页。

粮食多用于酿酒，不足几个月连种子都被吃掉，以后靠借贷或救济度日，吃了借，借了吃，越借越穷，越穷越借，形成恶性循环。加上超生型贫困和疾病性贫困等一些原因，大部分农牧民都安于在自己的家庭所在地活动，不愿意外出，也缺乏人口流动的一些基本技能，像一些基本的语言交流、文字识别、数字计算、政策法规的常识都非常缺乏，没有一定的外界见识和生活阅历，也没有相关工种的基本技能和敢闯敢试的精神，只好呆在原地等待救济。

附表 1-7　西藏每千人中不同文化程度人数

单位：人

年份	1982	1990	1995	1998	2000	2003
大学程度	4.24	5.74	9.08	1.31	14.52	8.24
高　　中	12.12	21.22	31.2	11.37	40.19	27.21
初　　中	36.08	38.5	48.86	69.96	71.83	106.35
小　　学	163.3	185.97	268.74	426.32	344.73	409.32
不识字或很少	784.26	748.57	642.12	491.04	528.72	448.89

资料来源：宋朝阳、王艳《西藏产业发展和产业结构调整中的劳动要素》，《西藏研究》2005 年第 3 期，第 110 页。

另外，西藏农牧民大多数信仰宗教，而藏传佛教的教义中大多存在"轻今生、重来世"、"轻物质、重精神"的"出世"价值观，在农牧民日常生活和精神生活中占据着支配地位，"因果报应"仍是农牧民对来世生活的寄托，极度轻视现实生活的改变，使他们的生活水平长期处于贫困状态，而"知天乐命"又使他们能够忍受这种贫困。农牧民的资金大多用于寺庙的捐赠、朝拜、供奉以及丧葬等佛事的开销中，没有资金或用少量资金进行积累或投资再生产，造成家境日益贫困。据相关的研究成果显示，宗教对西藏微观经济活动可影响其流程的 30%～40%，可支配 90% 左右人口的物质分配、使用和消费，宗教活动可挤占基层人口所需生活物品的 8% ～25%^①。西藏受这种政教合一的封建农奴制的长期影响，在广大农牧区还存在着重农牧轻工商的传统思想，严重阻碍了西藏农村商品经济的发展和市场的发育，给商品生产和商品交换设置了障碍，这在一定程度上导致了非农产业启动困难，举步维艰，既影响了劳动力的就业转移，又阻碍了农牧民拓宽增收渠道。在牧区，牧民惜杀、惜卖现象还十分普遍，致使一些病畜、老畜得不到淘汰，牲畜的出栏率和商品率一直很低。其结果导致牲畜品种退化，草场超载，草原和牲畜的生产能力严重下降，农牧民陷入贫困。

4. 发展的创新贫困

自熊彼特开始，创新就开始进入经济学家的视野，现在创新已经成为新经济增长理论中的核心变量。世界各国的发展变迁也证明，创新既是一个国家核心竞争力的主要来源，也是决定一个民族贫富兴衰的关键力量。越来越多的学者也开始把创新引入到贫困的范畴。中国学者李学术曾指出：“创新不足才是传统农业的基本特征，这也正是贫困发生的根源所在。创新是人类活动的本质，也是最可持续的力量，贫困问题的解决离不开人类自身的创造力。”“尽快消除那些制约发展的外部因素可能是当务之急，但尽快激发农户的创新意愿并培养他们的创新能力，必须成为当务之急的一部分。这是后进地区的人民走出贫困陷阱的根本途径，也是他们获得持续发展的希望所在。”现有的或

---

① 孙勇：《西藏：非典型二元结构下的发展改革》，中国藏学出版社，1991，第 36 页。

可预见的技术创新和制度创新可以极大地缓解乃至消除制约贫困地区农牧民发展的诸多不利因素，这是人类发挥其能动性的根本体现，也是贫困农牧民改善发展基础、提高发展能力的根本途径。

但长期以来，西藏农牧民在自然经济的条件下，思想观念始终被禁锢在宗教信仰的藩篱中，再加上交通不便、信息阻隔，市场意识极其淡薄，更别提创新的实现了。甚至在耕作垦殖、植物栽培、放牧饲养等方面，仍然沿用着十分古老和陈旧的生产方式，难以看到技术变迁的任何迹象。在实行"两个长期不变"的政策后，土地牧场资源随着人口、牲畜的增长而减少的趋势并未导致向更集约的生产体制演进，而且还经常出现农牧民因为承受不了采用新技术的风险成本而排斥新农牧技术的事例。对尚未解决温饱问题的贫困农牧民来说，其经济行为的目标依然是追求维持生存的口粮，基本还停留在自给自足的传统小农经济之中，投资热情也极为低落，几乎没有人从年收入中拿出一部分购买农资，进行农业投资的。这是农牧民维护生存的本能所致。目前农牧民主要对制约其自身发展的内部环境发生反应，如让孩子辍学以增加家中的劳动力，有病时不去看病以节约费用等。他们对外部经济信号的反应却极其迟钝，对外部的市场信息更是了解无几。受发展基础差的制约，农牧民选择了较少或根本不向生产投资、不外出打工或移民，偏好闲暇享受；受发展能力差的制约，贫困农牧民显示出了对新的实用技术的漠视，对种植业的单纯依靠，对非农产业的兴趣缺乏以及不积极进行经济合作组织建设等；受发展权利不足的制约，贫困农牧民难以进行人力资本投资（不愿让孩子上学，有病不马上治疗），没有积极地利用市场调节机制并认为粮食比货币重要。只是被动地执行政府扶贫政策，而没有参与到社会项目的决策和管理中去。农牧民缺乏创新意识，也缺乏创新活动，导致了发展性贫困的产生。

三 西藏反贫困的历史回顾与经验总结

（一）西藏反贫困的历史回顾

从西藏和平解放到改革开放这一阶段，西藏面临的贫困是绝对的贫困，是一种普遍性、大面积的严重贫困。这一时期，西藏经历了民主改革和社会主义改造，建立起了社会主义制度，在农村建立了人民公社体制，治理贫困的主要措施是提高总体生产能力。1959～1963 年间，国家虽然处在"大跃进"和严重的自然灾害期间，仍对西藏的农牧业生产投入了 5000 多万元的资金，其中就安排了 600 多万元的无息贷款，还发放了 2784 万斤种子和口粮，并主要用于对贫困户的扶持和救助。对当时缺少耕牛、农具、种子的互助组和个体农户均给予了贷款扶助，对生活上有困难的群众，投放了低息的生活贷款，受到扶持的贫困农牧民共有 82700 多户①。据统计，1959 年西藏农村人口绝对贫困发生率为 95%，到了 1978 年西藏农村人口绝对贫困发生率下降到了 52%，下降了 43 个百分点②。虽然中间受到"左"的思想和"文化大革命"的干扰，西藏的扶贫工作和

---

① 罗绒战堆：《西藏的贫困与反贫困问题研究》，中国藏学出版社，2002，第 2 页。
② 白涛主编《从传统迈向现代——西藏农村的战略选择》，西藏人民出版社，2004，第 185 页。

经济发展都受到了巨大影响，一度处于低潮期。这一时期尽管未能完全扭转普遍性绝对贫困局面，但通过发展生产，治理贫困的效果仍然十分明显。

根据 1978 年下半年召开的"第七次全国民政工作会议"精神，西藏自治区从 1979 年开始在全区进行了贫困状况的普查，有计划、有步骤、有重点地在全社会掀起了声势浩大的扶贫扶优工作。这一时期，由于实行了家庭联产承包责任制，西藏农牧区农村家庭经营状况出现了分化，有自主经营能力的人迅速致富，而缺乏自主经营能力的人则出现了极度的贫困。在原来平均分配体制被打破后，一旦陷入贫困，就很难在短期内恢复，加之灾害等因素造成了新的贫困，贫困户开始大批出现。同时，大量寺庙的恢复修建，使得僧尼成倍扩张，农牧民的非生产性支出大幅增加，这也增加了农牧民的负担。到 1987 年，西藏的绝对贫困发生率为 45%，9 年中仅下降了 7 个百分点，年均降幅仅 0.87 个百分点，而同时农村人口年增幅则高达 1.68 个百分点[①]。

1988 年后，自治区党委加强和重视农业和农村工作，大力发展农业生产，使西藏农业从此走上了健康发展的轨道。扶贫方式也实行了以"生产扶持为主，生产与救济扶持相结合"的方针，并对贫困户进行了调查摸底，分类排队，逐一采取措施，取得了较为显著的效果。除了规模浩大的济贫、救助式扶贫外，自治区民政部门通过各种途径扶持了养殖业 4000 多户、种植业 2000 多户、饮食服务业 1000 多户、个体

---

① 白涛主编《从传统迈向现代——西藏农村的战略选择》，西藏人民出版社，2004，第 187 页。

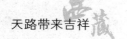

商业 6600 多户。为农牧区的生产购置可生产工具 7 万多件，各类牲畜 100 余万头（只），饲料 360 多万斤，化肥 300 多万斤，汽车、拖拉机等农用机械 180 多台（辆），利用"双扶"回收资金兴办了救灾扶贫经济实体 168 个。到 1994 年，西藏的绝对贫困人口总数从 1987 年的 81 万人下降到 48 万人，其中由各种扶持救济措施解决温饱的人口为 5 万多人，因生产的快速发展而解决温饱的人口为 28 万人①。

为确保全国同步实现小康，带领全国人民走共同富裕的道路，中共中央于 1994 年决定实施"八七扶贫攻坚计划"，即用 7 年时间集中力量解决 8000 万农村贫困人口的温饱问题。西藏作为全国重点区域性贫困省区之一，中共中央不但划拨专项开发资金，增大民政救济资金规模，还在基础建设和各项事业中给予西藏更多的倾斜，并做出了全国支援西藏、部分省市对口援助西藏的决策，从而为西藏打好扶贫攻坚战创造了良好的外部条件。西藏自治区党委、政府在认真贯彻中共中央第三次西藏工作会议和国家扶贫攻坚计划的基础上，把扶贫攻坚作为完成农村三大任务的首要工作来抓，不但从人、财、物、组织结构、制度建设等各方面进行了周密部署和安排，还将反贫困责任作为政治任务逐年安排，层层分解，落到了实处，将主要力量投入到贫困地区的生产和基础设施的改善中，借以刺激贫困地区生产力水平的总体提高和贫困户生活质量的普遍改善，使贫困人口的数量及其贫困程度大幅度减少和降低。根据西藏自治区扶贫办公室的统计，截至 2000 年底，西藏 18 个

---

① 白涛主编《从传统迈向现代——西藏农村的战略选择》，西藏人民出版社，2004，第 189 页。

贫困县（包括 13 个自治区确定的贫困县和 5 个国家级贫困县）农牧民的人均纯收入达到 1316 元，粮食产量 26.85 万吨，油菜子 1.25 万吨，肉类 4.1 万吨，奶类 4.73 万吨，分别比攻坚前的 1994 年增长 57.1%、27.36%、55.3%、18.84%，而且还呈现出逐年稳定增长的势头①。

从 2000 年以后，西藏的扶贫开发出现了前所未有的新形势和新特点。（1）扩大了扶贫开发对象的范围，即从原《西藏自治区扶贫攻坚计划》中确定的 48 万扶持贫困人口扩大到现在的人均纯收入低于 1300 元的 120 多万贫困人口。（2）拓宽了扶贫开发区域的覆盖面，即从原国家确定的 5 个贫困县和自治区确定的 13 个贫困县拓宽到现在的 34 个重点扶持县和 393 个重点扶持乡镇。（3）提高了脱贫标准的价值指标，即从原先确定的以县为单位，按 1990 年不变价格计算的农区人均纯收入 600 元、牧区 700 元、半农半牧区 650 元的标准提高到 1700 元以上。（4）转变了扶贫开发工作的侧重点，即由原来的主要解决绝对贫困人口的生存问题，转到现在解决相对贫困人口的发展问题。（5）加深了扶贫开发的内涵，即由原来的解决贫困人口的生活问题，加深到现在的综合开发、全面发展上来。2004 年，人均纯收入低于 1300 元的重点扶持乡镇由 2001 年的 393 个减少到 51 个，减少了 87%；人均纯收入低于 1300 元的重点扶持人口由 2001 年的 148 万人减少到 86 万人，下降了 42%；重点扶持人口的收入增长较快，增长速度高于西藏全区平均水平的 3 个百分点；贫困群众的收入结构开始发生变化，由主

---

① 西藏自治区扶贫开发领导小组办公室：《西藏自治区扶贫开发文件汇编（2002 年 4 月）》（内部资料），第 58 页。

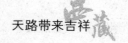

要依靠农畜产品增产增收转向主要依靠劳务输出和开发特色产品增收①。

通过对西藏反贫困历程的回顾，我们可以看出，西藏农村的反贫困经历了一个由治理普遍性绝对贫困到区域性局部绝对贫困，最后到个别人口贫困的过程；而西藏的反贫困策略也进行了从平均分配下增加生产总量来解决面上贫困，救济式个别扶贫，生产救济式个别贫困，到区域性、重点性、局部开发式扶贫的多种尝试和实践。从绝对贫困状况的变化及反贫困策略的适应性看，总体上提高生产力水平、发展生产，对于解决普遍性大面积绝对贫困是行之有效的选择；救济式生活扶贫适宜于那些缺乏劳动能力的绝对贫困人口；生产扶持式扶贫适宜于对贫困户家庭经营进行扶持；开发式重点扶贫适宜于那些生产条件差、绝对贫困人口相对集中的小区域攻坚扶贫。因此，在解决西藏农牧民贫困的问题上，关键是提高贫困者的能力和提供大量的就业机会。自然环境的恶劣必须使一部分人实行搬迁，问题是搬迁后的就业生存问题。就业机会的提供需要产业结构的转型和经济的快速健康发展，而就业机会能否获得的关键也需要人力资本的培养。

（二）西藏反贫困的成就与现状

在中央政府和全国人民的大力支持下，西藏的反贫困政策已经取得了显著成效。一方面，农牧民收入贫困的治理成效显著。1979 年，西藏有贫困户 92478 户，贫困人口

① 西藏自治区扶贫开发领导小组办公室：《西藏自治区扶贫开发文件汇编之五（2005 年 4 月~2006 年 4 月）》（内部资料），第 175 页。

470308 人，分别占全自治区农牧民总户数和总人口数的 31% 和 30.2%。其中，特困户和特困人口分别为 65888 户和 320077 人，分别占全区农牧民总户数和总人口数的 22% 和 20.7%。农牧民人均纯收入只有 233 元，有 30.2% 的农村居民人均纯收入低于当时的全国贫困线 100 元。1978~1990 年，西藏贫困人口由 62 万人减少到 48 万人，贫困面由 31% 下降到 26%。到 1995 年，贫困率进一步下降到 23%，特困户比例由原来的 22% 下降到 6%；贫困县的人均年收入达到 408.6 元。到 2000 年底，西藏 18 个国定贫困县的农牧民人均纯收入达到 1316 元，绝对贫困发生率已降到 5% 以下。1995~2000 年，贫困县的农牧民人均纯收入增长了 222.1%，平均每年增长 26.4%①。另一方面，农牧民贫困户的生活质量发生了显著变化。（1）农牧区的基础设施条件显著改善。到 2004 年底，全区 73 个县中有 33 个县通了黑色公路，有 92% 的乡镇和 72% 的行政村通了汽车，客运班车的县级覆盖率达到 85%；农村电话普及率已上升到 8%，比 2000 年的水平翻了两番②。（2）产业化扶贫取得了一定成绩。形成了一批优质牦牛、藏绵羊、绒山羊、藏猪、藏鸡等特色养殖基地，优质青稞、油菜、蔬菜瓜果、藏药原料等特色种植基地，为农牧民增收作出了重要贡献。（3）移民扶贫取得了比较显著的成绩。各地区都建有扶贫搬迁工程，林芝、山南地区的移民新村都堪称示范工程。（4）智力扶贫进一步加强。仅 2001~2003 年，就有 4 万群众掌握了劳动技能和先进适用技术，有 5 万贫困群众外出务

---

① 罗绒战堆：《西藏的贫困与反贫困问题研究》，中国藏学出版社，2002，第 3~4 页。

② 狄方耀：《西藏经济学导论》，西藏人民出版社，2002，第 240 页。

工，显著提高了贫困农牧民的自我发展能力[①]。

但与全国其他地区相比，西藏农牧民的贫困与反贫困形势仍不容乐观。西藏目前面临的贫困问题依然十分严峻。

1. 贫困面仍然很大

2000 年，《西藏自治区扶贫开发"十五"计划和 2010 年中长期规划》曾以 1500 元作为温饱标准，界定出全区有 4248 个村、257406 户、1482321 人年人均纯收入低于 1500 元，属于相对贫困人口，占全区村总数的 68.5%。其中有 2961 个村、14042 户、85021 人年均纯收入低于 625 元，属绝对贫困人口，约占全区总人口的 3%[②]。西藏的农牧民人均纯收入中绝大多数来自农牧产品收入的折价，绝大多数农牧区的农牧民要找一个有现金收入的副业都很难，实物折款部分比重大，现金收入部分比重小，不足 20%，因此，初步解决温饱的贫困人口很不稳定，一遇到自然灾害容易返贫。

2. 贫困人口的贫困程度仍然很严重

国际上一般认为，恩格尔系数在 60% 以上即为贫困，50%～60% 为温饱。在中国，乡村的恩格尔系数为 47.8%，这一标准显得偏高。而在西藏，长期以来，农牧民的食物消费支出占总收入的比例在 70% 左右徘徊，远远超过国际上和中国的平均水平，如果用此标准进行判断，西藏农牧民生活相当贫困[③]。这虽然跟西藏生产力和商品经济落后有关，不能实事求是地解释西藏的贫困状况，但也从一个层

---

① 西藏社会科学院：《西藏蓝皮书：中国西藏发展报告（2006）》，西藏人民出版社，2006，第 47 页。

② 冉光荣：《促进对藏区反贫困的新认识——中国藏区反贫困与国际合作研究之一》，《社会科学研究》2007 年第 2 期，第 14 页。

③ 西藏自治区扶贫开发领导小组办公室：《西藏自治区扶贫开发文件汇编（2002 年 4 月）》（内部资料），第 80 页。

面反映出西藏的贫困存在着深层次的原因。另外，西藏居民受地方病和高原病困扰，人口死亡率高，健康贫困甚为惊人。西藏居民平均预期寿命比全国平均年龄低9年，既有奇特的大骨节等地方病，还有在低氧、寒冷、干燥和紫外线强烈照射下形成的高血压、心脏病等高原病。这都是与特殊环境密切相关的多发病，如大骨节病威胁近百万人，临床检出率近30%，其他疾病危害亦烈①。

3. 返贫率仍然很高

西藏反贫困中遇到的最大困难之一是反贫困与返贫的并存，返贫率高达30%左右，并且表现为一种群体返贫状态。返贫率高，既是由于脱贫标准低，脱贫状态脆弱，更在于灾害、疾病的严重影响。如西藏那曲地区20世纪90年代连续发生三次大雪灾，1990年死亡牲畜88.6万头（只），总损失4.1544亿元，其中直接经济损失2.919亿元，为此政府投入救灾款2.26亿元。1996年死亡牲畜上百万头（只），总损失3.36亿元，其中直接经济损失2.2亿元，为此政府投入救灾款1.19亿元。一场大灾瞬间让农牧民丧失大部分甚至全部财产，陷于更加贫困的境地。到21世纪初，那曲尚有贫困村117个，是全区最为贫困的地区②。

（三）西藏反贫困的经验

经过40多年的努力，西藏农牧民的绝对贫困，即未解决温饱人口大幅度减少，反贫困取得了令人瞩目的成就。

---

① 冉光荣：《西藏反贫困经验探析》，《四川大学学报（哲学社会科学版）》2006年第6期，第12页。

② 冉光荣：《促进对藏区反贫困的新认识——中国藏区反贫困与国际合作研究之一》，《社会科学研究》2007年第2期，第16页。

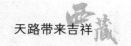
经过多年的探索和实践，现已逐步形成了"全面帮扶，特殊对待，政府主导，积极合作"这样一条符合西藏区情、具有西藏特点的扶贫开发道路。概括起来，西藏解决贫困问题的经验主要有以下几个方面。

1. 制度变迁驱动改革，特殊政策惠及农牧民

西藏 1959 年进行的民主改革，彻底结束了封建农奴制，推翻了僧侣贵族专政的黑暗统治，建立了人民当家做主的人民民主政权，极大地解放了西藏的社会生产力，使广大农牧民群众可以自主地支配和使用属于自己的生产资料，合法地占有属于自己的各种劳动成果，生活发生了天翻地覆的变化。1984 年第二次西藏工作座谈会决定"土地归户使用，自主经营，长期不变；牲畜归户，私有私养，自主经营，长期不变"。"两个长期不变"的方针大大调动了农牧民的积极性，提高了农牧民的收入，使农牧民贫困人口的数量大幅下降。20 世纪 80 年代中央提出"减轻寺庙负担，提高自养能力"和"以寺养寺"的政策。十世班禅大师首先在扎什伦布寺具体实施，然后在西藏普遍推行。寺院自养的推行，客观上直接减轻了西藏农牧民家庭负担，也导致农牧民宗教支出下降，乃至信仰的某些淡化。这对西藏反贫困而言，有着重大的价值。据乃东县调查资料显示，该县昌珠镇人均收入较高。对于宗教支出，均回答不多，主要是婚丧事的念经，一次 6～10 元；去寺院朝佛，供奉最多 1 元。对该县 4 户人均收入 1500～3000 元的家庭抽样调查显示，年宗教支出都不到 0.2%[1]。

---

① 王洛林、朱玲：《市场化与基层公共服务——西藏案例研究》，民族出版社，2005，第 274 页。

西藏在反贫困的过程中，制定了一系列特殊的优惠政策。比如通过发放救济物资、减少税收、延长扶贫贷款使用期限、放宽抵押和担保条件等，对贫困户直接扶助，解决温饱问题。另外，在对贫困地区经济发展方面，也有很大的支持，如逐步加大财政转移支付力度，增加财政扶贫资金和扶贫贷款，并对财政扶贫资金实行专户管理。

2. 全方位的外部援助

通过外来拉动，内外合力是反贫困中最直接、最有效的方法。西藏是国家财政支持最大的地方，国家拨款是西藏外部援助的主体。50 多年来，中央对西藏建设投资和财政补贴累计近 500 亿元，其中基本建设无偿投资 111.8 亿元。大、中型建设项目又另拨专款，如"八五"期间的一江两河工程经费即达 10 亿元。2001 年第四次西藏工作座谈会，就确定国家直接投资建设项目 117 个，资金 312 亿元[①]。

而动员全国帮助西藏的开发建设和对农牧民的生活救助，是西藏反贫困最具效果、最富影响力的方式之一，也是最具西藏特色的反贫困创举。1984 年第二次西藏工作座谈会决定国家有关部委和 9 个省市援建项目 43 个，总投资 4.8 亿元，这是西藏首次开展的阶段性大规模建设。1994 年第三次西藏工作座谈会决定支援的地市扩大为 15 个，与国家有关部委共同安排建设工程 62 项，投资 23.8 亿元；1995 年以来，在确保完成中央确定的 62 项工程任务之外，中央国家机关各部门、社会各团体和各省市自治区还积极筹备

---

① 冉光荣：《西藏反贫困经验探析》，《四川大学学报》2006 年第 6 期，第 14 页。

资金、物资，不断加大支援力度，给西藏以大量的无偿援助。据初步统计，五年中中央各部委和 15 个省市共对口支援建设项目 2042 个，资金 24.69 亿元①。除了在资金和物质上的援助，对口援藏省、市和中央机关 40 多个部委按照"选优选强"的原则，委派干部入藏工作，积极筹划区域经济发展，直接与农牧民结成帮扶对子，尽力解决具体困难。

自治区政府更是高度重视反贫困工作，每年的扶贫资金都在大幅度增加。政府各部门也发挥各自能力，在资金、物资、技术上向贫困地区倾斜，在职权范围内制定优惠政策。此外，还积极动员社会组织、民间团体、私营企业等开展"希望工程"、"光彩工程"、"文化扶贫"、"幸福工程"、"春蕾计划"、"青年志愿者支教扶贫接力计划"、"贫困农户自立工程"等多种形式的帮扶活动。

3. 在对西藏贫困特殊性认识的基础上，采用适合西藏特点的反贫困方法

早在 1980 年，中央召开的第一次西藏工作座谈会就强调，各部门要注意了解、研究西藏的实际情况，根据那里的自然条件、民族特点、经济结构、各民族人民的思想觉悟和生活状况制定有关工作的方针、任务和政策，实行具体指导。1984 年，中央第二次西藏工作座谈会再度要求西藏反贫困的开展应该符合本地实际，充分认识导致贫困的原因、表现形式等，并采取具有针对性的特殊措施，制定切合西藏实际的特殊政策。进入 21 世纪，中央又提出"把西藏作为一个特殊的集中连片的贫困地区加以扶持"。

---

① 西藏自治区财政厅财政志编委会编《西藏财政志》2003 年第 6 期，第 60 页。

西藏在实际的反贫困过程中，采用了适宜西藏特点和藏族群众容易接受的反贫困方法。首先，提高了西藏的脱贫标准。西藏由于自然条件恶劣，自然灾害频繁，农牧民生活费用较高，2000年《西藏自治区扶贫开发"十五"计划和2010年中长期发展规划》以现价1300元作为温饱标准，界定全区有1482321人年人均纯收入低于此线，属于相对贫困人口，占农牧民总人数的69.3%。其中85021人年人均纯收入低于625元，属绝对贫困人口，占农牧民总人数的3%。其次，进行分类，确定重点。按2000年标准，全区4248个村、257406户、1482321人为相对贫困村（占村总数的69%）、相对贫困人口。其中又有296村、1414户、85021人为绝对贫困村和绝对贫困人口[①]。在一些偏远山区实行异地搬迁，加大劳务输出，在一些城市郊区调整种植业、养殖业结构，实行"政府＋公司＋农户"的产业化扶贫等，此外，还有小额信贷扶贫模式，以工代赈扶贫，组织各类技术培训，引入农业新技术和新方法等。最后，实施扶贫到户和进行一对一帮扶。为保证扶贫到户，对贫困户逐一排列，实行统一规划项目到户，异地开发扶持到户，社会各界帮扶到户，干部帮扶到户。各级干部与贫困户通过签订责任状结成"一帮一"对子，对该户扶贫计划实施、项目安排，乃至贷款申请、临时救济等，都进行具体帮扶。

4. 广泛进行国际合作和交流

20世纪90年代后，西藏与20多个国家、国际机构及

---

① 冉光荣：《促进对藏区反贫困的新认识——中国藏区反贫困与国际合作研究之一》，《社会科学研究》2007年第2期，第14页。

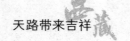
国外非政府组织开展了广泛交流和合作。尤其在第四次西藏工作座谈会后，本着"请进来，走出去"的精神，加大了对外工作的力度。据不完全统计，到 2002 年，西藏接受多边、双边无偿援助约 9000 余万元，涉及扶贫、卫生、教育、能源、环保、交通、农业等领域。

在西藏，国外非政府组织表现亦很活跃。如美国中华医学基金会于 1992 年援助 160 万美元，在原卫校基础上筹建西藏医学专科学校。1996 年向西藏大学医学院投入 9 万美元，用于高血压遗传病研究。至 2003 年，西藏大学医学院向该会申请并获准的项目有 11 项，金额达 300 多万美元。1992 年成立的中国藏区利众基金会，主要进行教育方面的支援，如在拉萨、那曲大、中、小学开展设立奖学金、培训师资、编写教材等具体项目。另外，西藏基金会还开展牦牛精液库、牦牛收养、雪灾救济、眼疾流动站等项目。

四　西藏发展性贫困的解决思路及对策

西藏发展性贫困的特殊性突出地表现在：自然条件恶劣，生存条件差，并远离经济中心；人口居住高度分散，社会分工单一，社会发育水平低；封闭的经济特征以及自然经济状态和简单再生产的传统产业经济特征十分显著，社会主义市场经济还不完善，提供的经济机会不足；农牧区的教育、医疗等社会事业还十分落后，农牧民的文化素质较低，缺乏外出打工的技能。正是由于这些特殊性的存在，使得西藏农牧民贫困人口脱贫致富的难度很大，并且脱贫问题的解决具有长期性，因此，我们在解决西藏发展性贫困的问题上要有新的思路和对策。

（一）西藏农牧民发展性贫困的解决思路

1. 以人为本

党的十六届三中全会提出，坚持以人为本，树立全面、协调、可持续的发展观，是中国社会经济发展新阶段的要求。因此，在解决西藏农牧民发展性贫困的过程中，要牢牢树立"以人为本"的思想，以科学发展观为指导，按照五个统筹制定反贫困战略，即按照统筹城乡发展、统筹区域发展、统筹经济社会发展、统筹人与自然和谐发展、统筹国内发展和对外开放的要求，实现西藏经济、社会、环境的全面、协调和可持续发展。要高度重视通过国家扶持服务和社会支持以改善基本生产条件，优化生产要素组合，提高资源配置效率，培植和诱导区域自我发展技能；高度重视人力资本投资在反贫困中的关键作用，按照可持续发展战略要求控制人口数量，提高人口素质；强调贫困人口直接参与基本农田建设、草场草原建设、能源设施建设、水利设施建设、生态设施建设、乡村道路建设、教育卫生设施建设等，通过创造就业机会、提高劳动生产率、增加农牧民收入等手段提高他们参与社会活动的权利和自力更生的程度，并辅之一系列区域性发展援助政策措施，提高贫困人口把握经济机会的能力，保证贫困人口在参与经济活动中实现收入增加。

2. 分类进行

西藏农牧民发展性贫困治理要分步分类进行：（1）向以人类贫困和弱势群体贫困为主体的绝对贫困人口提供基本的生存条件，包括通过政府部门、社会力量和国际机构向他们提供粮食、衣物等基本的生活必需品、人畜饮水、

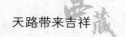

卫生设施、健康服务、基本住房、移民搬迁等援助措施，以迅速缓解贫困状况，这是西藏农牧区反贫困治理的基础。（2）向以收入贫困和知识贫困为主体的相对贫困人口提供基本生产条件的满足，包括通过政府扶持、社会援助、以工代赈、个体参与的方式向贫困人口提供最基本的农业生产条件，改善贫困人口的人力素质，帮助其修建基本农田、水利设施、乡村道路及基础能源、通信设施，以全面改善农业基本生产条件，为贫困农牧民增收致富奠定基础，这是西藏农牧区反贫困治理的重点。（3）向以能力贫困和权利贫困为主体的全体贫困人口提供基本发展能力的满足，包括通过基础教育、职业技术教育和各种层次、各种内容的技术培训，提高贫困人口的农业生产技能、非农产业技能、劳务转移技能以及择业技能，提高贫困人口在市场经济条件下的自我生存能力、自我选择能力和自我发展能力，这是西藏农牧区反贫困治理的目标。

3. 正确把握政策机遇

西藏和平解放以来，党中央和国务院十分重视西藏的经济建设，特别是改革开放以来，党中央和国务院在西藏农牧区实行了"两个长期不变"的富民政策，使西藏广大农牧民群众享受到了一系列优惠政策，为西藏农牧民脱贫致富和实现小康目标发挥了积极的推动作用。党中央为了使西藏人民尽快富裕起来，在总结中央第三次西藏工作座谈会的基础上，召开了第四次西藏工作座谈会，会议明确了新时期西藏工作的指导思想、目标和主要任务，并提出了要把发展作为主题，把结构调整作为主线，把改革开放和科技进步作为动力，把提高人民生活水平作为根本出发点和落脚点。特别是在中央第四次西藏工作座谈会上明确提出了继续加大对西藏的支援力度，增加对西藏经济建设投入。所以，各级党委、政府要牢牢抓住中央关心西藏、全国人民支援西藏的有利时机，在农牧区认真贯彻落实党中央的一系列富民政策，积极投入到国家实施西部大开发大潮中，紧紧抓住经济结构战略性调整这个主线，振奋精神，团结协作，积极引导广大农牧民开拓市场，参与市场，占领市场，努力开发特色产品，充分发挥区域经济优势，不断调整农牧业产业结构，为农牧民增加收入创造良好的政策环境。

（二）西藏农牧民发展性贫困的解决对策

1. 加快经济社会环境的改善，形成区域社会资本

西藏反贫困的成功，离不开经济社会的发展，而经济社会环境在发展中至关重要。环境的内涵在西藏更多的表现是以藏民族为主体的民族性，经济发展机制必须建立在这种民族性上，建立在各少数民族群众充分的理解和强烈的信心这一基础上，把他们的发展愿望和现实行动统一到社会发展机制中，拓展个体能力运用的空间。社会资本是行动主体与社会的联系以及通过这种联系摄取稀缺资源的能力。在经济活动中，社会资本的多少直接决定了行动主体对发展机会的把握以及发展的实现程度。因此，在西藏的反贫困过程中，要努力加快经济社会环境的改善，形成区域社会资本。

第一，重视组织体系的建设。针对行业、国家工作人员布局和结构的失调等问题，西藏行业布局的调整应遵循社会主义市场经济发展规律和"经济基础决定上层建筑"的原则，对其进行全面的评估，将社会学、经济学、行政

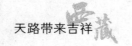

学等的分析原理运用于现阶段西藏社会经济发展程度的框架内，从而设置出和社会经济发展相适应的行业布局，并在此基础上使人才的行业布局和结构随着社会经济的变化和发展不断地进行调整和重组，以适应西藏发展的需要。

第二，发展适度人口的城镇，促进具有社区共同体性质的社会资本的形成。西藏大部分贫困地区村庄规模小且居住分散，难以满足区域经济发展对人口的规模要求。因此，在扶贫开发过程中，应考虑新村庄的规划建设。在条件许可的地方，通过迁移流动和适当并村并点等途径，改善一些山区或牧区人口分布较散的局面，尤其是那些生态脆弱和破坏严重地区的人口，可以通过实施移民工程，改变生产种植方式，降低对自然界的过度开发，避免对自然界过多依赖。

第三，加快开放速度，提高经济的市场化程度。根据中国改革开放和西藏发展的实际情况来看，没有市场化，就不能有真正的城镇化、工业化和教育现代化。西藏经济的现代化绝对离不开市场化。提高西藏的市场化程度，首先，要加强农牧区农产品、工业品集贸市场的建设并逐步形成网络；其次，要加强市场法规建设，注意引导和规范交易者行为；再次，要加强市场信息传递和服务，注意通过市场供需规律来调控农牧民的生产经营行为。

2. 提高个体的发展能力

美国经济学家西奥多·舒尔茨认为："贫困的关键因素在于人，因而在改善穷人福利的过程中，提高生产的决定性因素并非空间、能源和耕地，而是人口素质，人力资本的提高是帮助穷人摆脱贫困的决定因素。"能力发展取决于知识与技能的不断更新，西藏农牧民发展性贫困的重要原因就是个体的技能滞后于社会发展的需要导致缺少提升自身发展能力的基础。另外，西藏一直受到国家的大规模扶助，包括教育和人才支援，这种外部辅助，使得人力资本的改善可以成为当地经济发展的起因，而不是当地经济发展的结果。因此，改善人力资本是提高西藏农牧民个体发展能力的唯一可行途径。

第一，继续加大教育和医疗卫生建设的投资力度。根据现阶段西藏贫困地区劳动者文化素质低的情况，贫困地区教育的重点首先是发展基础教育，特别是要把以乡村教育投资为主的基础性人力资本投资作为向人力资本积累的首要目标。在教育适度集中的基础上，建立集教育培训和医疗保健为一体的"农牧民之家"，结合扶贫开发和新农村建设，整合相关项目资金和设备设施，提高贫困地区农民的健康水平，促进人力资本的积累。

第二，贫困者要树立不断学习、积极进步的观念。解决发展性贫困不仅要依赖于政府，更要靠贫困者自身的努力，政府虽然可以在教育的软件和硬件方面加大投资，但政府毕竟不能代替农牧民去参加培训。特别是对于发展性贫困者，如果缺乏不断学习的观念，就会陷入贫困的恶性循环，最终要被社会所淘汰。因此，贫困者在行动上的大力配合以及思想上的解放和信任至关重要。

第三，鼓励并组织劳动力流动。对西藏来说，可以利用援藏的大好时机，联系对口支援省市和单位，通过订单培训的方式，以 3 ~ 5 年为期限，由对口支援单位负责把受过培训的农牧民介绍到当地一些企业工作。通过有针对性的职业技术培训，提高贫困人口的劳动技能，如手工技能、建筑技能、经商技能、驾驶技能、综合服务技能等，提高

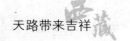

劳动力的综合素质，引导贫困人群参与生产、生活，向非农牧业领域转移。

3. 多渠道增加贫困人口的经济收入

经济学家纳克斯曾经提出"贫困恶性循环"理论。该理论认为，贫困地区居民由于收入水平低，在用于生活消费支出之后，几乎没有余钱用于储蓄，致使资本形成不足，生产规模和生产效率难以提高，最终又只能获得一个低收入。这样一来就形成了"低收入——低储蓄——低资本投入——低生产效率——低收入"的恶性循环，贫困也就被一代一代地"遗传"了下去，解决贫困的办法就是引进外资和增加积累。经济收入低是整个西藏农牧民发展性贫困的突出表现。前面的分析也表明，如果仅以西藏的自然条件，农牧民贫困人口要想获得较高的经济收入无疑是困难的。因此，改变其收入来源结构，增加非农业收入比重，增加来自政府及其他渠道的转移收入比重，减少其对经济发展中的公共品的支出，减少对政府的税负及不必要的支出，应成为扶贫过程中的首要任务。具体来讲，可以通过以下几种方式进行。

第一，继续加强农牧区基础设施建设。正如有些专家、学者指出的那样，要彻底改变西藏经济落后的状况，在目前阶段主要就是要充分利用西部大开发的有利时机和中央的各种优惠政策，集中资金尽快改善西藏基础设施条件，变闭塞为通达，改善投资环境，从而变资源优势为产业优势，增加农牧民的就业机会，拓宽收入渠道。因此，在西藏反贫困过程中，要在乡村道路建设、人畜饮水、乡村小水电站建设、游牧民定居、乡镇政权建设等方面，继续加大为农牧民办实事的力度，为农牧民增收创造新的机遇。

第二，大力推进产业化扶贫。无论是生态移民后的农牧民还是在自然条件相对较好地方的农牧民，有自己谋生的手段和方法，是保证其生产、生活摆脱贫困的第一要务。因此，大力实施产业化扶贫，是提高扶贫整体效益、增加农民收入、壮大县域经济实力的有效举措。可以考虑通过对农牧业特色产业的扶持和开发，大力扶持龙头企业和农牧民合作，实施旅游业扶贫。尤其是西藏具有独特的旅游资源，要在旅游扶贫方面多下工夫，例如组建农家乐，农牧区风情游等，让农牧民参与进去。

第三，不断完善社会保障制度。在西藏农牧民社会保障中需要注意以下问题：（1）要加强农牧业防抗灾体系建设，增强抵御自然灾害的能力，尤其要抓好科技服务，把灾情预报、防治纳入科学化的轨道；（2）要建立人畜保险基金和主要物资储备制度，逐步开展医疗保险和农牧业生产保险业务，形成由社会帮助农牧民家庭承担自然灾害和市场风险的良性机制；（3）要进一步完善现行优抚救济制度，继续搞好福利事业，注意在反贫困中把扶贫开发和计划生育结合起来，一方面，将一部分救济款转化为保险基金，解决贫困农牧民养老防老的后顾之忧；另一方面，加强教育，提前预防，通过制定扶贫救济款的发放办法来减少和制止"越穷越生，越生越穷"的现象。

4. 运用制度创新提高区域创新能力

以道格拉斯·C. 诺斯为代表的制度经济学家充分地论证了制度和制度创新的重要性，"制度影响人类选择是通过影响信息和资源的可获得性，通过塑造动力，以及通过建立社会交易的基本规则而实现的。制度创新通过提供更为有效的组织经济活动的途径而对发展作出贡献。而这些途

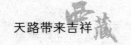

径通常导致经济基础性的调整"①。创新不足是传统农业的基本特征，也往往是贫困产生的根源。在贫困问题上，创新不仅不应受到忽视，还应成为战胜贫困的主要依靠，制度创新是改善贫困者所处社会环境的主要手段。制度创新主要来自政府部门的制度安排的创新，如户籍制度、税收制度、转移支付制度、人口就业制度、生产组织制度等方面的制度创新来实现对贫困者社会条件的改善，同时，贫困农户虽然素质相对较低，但依靠创新战胜贫困还是可行的，完全可以通过制度创新和知识自主创新提高区域经济增长的水平。

第一，加强农牧生产技术培训。农牧生产技术培训能引起技术变迁——制度变迁的链式创新活动。因此，要从农牧业生产的特点和农牧民的行为特征出发，结合农业职业技术教育和基础教育实施农牧民生产技术培训工程，改变农牧民所具有的传统技能。需要注意的是，在西藏大多还保留着行政化而非市场化特征的社会中，农牧民需要的是一种能改变自身福利的教育制度安排，而政府把这样的制度安排当作一种额外的供给，往往流于形式，浅尝辄止。因此，培训的创新也是要考虑的首要问题。

第二，改革现行扶贫制度中存在的问题。在扶贫思路和资金投向方面，一些地方不顾当地的自然生存条件和社会经济发展条件，把大量的扶贫资金投入到传统的农牧业中，而这些传统的产业又长期发展不起来，反而造成了生态环境的巨大破坏，形成了经济发展与生态环境之间的强

---

① 诺曼·尼科尔森：《制度分析与发展的反思——问题与抉择》，商务印书馆，1992，第2页。

大制约关系。因此，要加大政府专业化扶贫机构的独立性，调整财政扶贫资金结构，把扶贫资金从发展毫无希望的传统产业等方面转向从根本上解决农牧民的素质、提高社会发育水平和生态环境问题上来，从长远上奠定西藏农牧区脱贫致富的自然、经济和社会基础。

第三，积极引导宗教与现代化相适应。在西藏，宗教信仰是农牧民生活极重要的一个组成部分，它消耗了农牧民可以进行积累和投资的大量资金。更重要的是，西藏众多寺院的稳定事关整个西藏的稳定和发展，近十几年来西藏没有大的动乱和基本稳定的客观事实证明，在寺院进行爱国主义教育是促进西藏稳定的有效举措，今后应该继续坚持下去。还要考虑能否利用寺庙的地位和影响，充分发挥经商传统的优势，在现有条件下，将市场经营与宗教活动结合起来，这样不但寺院可以自立，还能带动一方的经济发展。

5. 吸收多元主体齐心协力减少贫困

著名发展经济学家保罗·罗森斯坦－罗丹（P. N. Posenstein-Rodan，1943）曾经提出过大推进理论。该理论主张发展中国家在投资上以一定的速度和规模持续作用于众多产业，从而突破其发展瓶颈，推进经济全面高速增长。按照该理论，只有投资数额足够大，才能打破生产函数、投资需求、储蓄供给三者存在的"不可分性"给经济发展设置的障碍，进而推动地区经济走出"贫困恶性循环陷阱"。解决西藏农牧民发展性贫困问题，同样需要这样一个大推进力。因而要形成"大推进"力量的投资，必然要靠中央财政和对口援藏部委、省市的支持，同时，地方财政自身也要和金融等其他政策工具相结合，共同发挥杠杆作

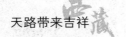

用和集聚作用，以引导和集聚大量的社会闲散资本投入到经济建设当中，组织全社会各方面力量参与扶贫攻坚，吸收多元主体齐心协力减少贫困。

第一，坚持扶贫开发和新农村建设的有机统一。要把新农村建设的切入点放在改善农民的基本生产、生活条件上，放在拓宽农民增收的基本渠道上，放在提高农民的基本素质上，进一步搞好整村推进的扶贫开发。按照新农村建设五个方面的要求，村级扶贫规划要重点加强六个方面的建设，即改善生产、生活条件的基础设施建设，提高人口素质的社会事业建设，增加农民收入的产业建设，改变村容村貌的文明新风建设，规范有序的民主政治建设和以村党支部建设为核心的村级组织建设。

第二，继续发挥非政府组织的积极作用，鼓励多种所有制经济组织参与扶贫开发。鼓励多种所有制经济组织参与扶贫开发，吸引各种社会力量参与扶贫，继续坚持目前存在的发展良好的项目开发，比如"希望工程"、"光彩事业"、"康复扶贫"、"春蕾计划"等。目前在西藏的非政府组织中，国外组织相对较多，客观上非政府组织的相关规定尚不完备，主观上某些组织的工作方式尚有待改善和完善，鉴于有的组织引起背景及目的的复杂性，更应积极加以引导和给予应有的制约，让西藏反贫困与国际合作势头能够更加健康地向前发展。

第三，建立发展基金制度。西藏反贫困的成功需要大量的资金支持，因此有必要建立发展基金制度，把已有的扶贫救济资金、以工代赈资金、支援不发达资金及社会各方捐赠资金切出一块捆绑起来，专门用于贫困地区经济社会发展项目的投资，以便形成反贫困的合力，发挥扶贫资金的最大效用。对建立起来的扶贫开发基金要实行专户管理、有偿使用、集中投放、限期回收、滚动开发的运营办法，以促进贫困地方"造血功能"的不断增强。

五 结束语

贫困作为一种与人类发展进程相伴生的社会现象，一直是各国人民关注的主要问题之一。在人类的发展历程中，人类一直在充分发挥自身的智慧和潜能，努力减少和消除贫困，不断地为改善生存空间和生活质量而努力。

随着对贫困问题研究的不断深入，人们从最初的对贫困表象的研究逐步深入到对贫困发生机制的研究，并进一步探讨贫困根源所在，期望从根本上治理、减少和消除贫困。中国以往的扶贫政策经常以区域为主，更多地关注贫困问题，没有从根本上解决贫困问题，致使许多已经脱贫的人群又重返贫困状态。发展性贫困是建立在生存性贫困基础上的，由于贫困者自身的能力素质不足以适应社会发展的需要，或者由于各种因素导致其发展性技能无法利用而使其陷入生存性贫困状态的一种贫困形式。对西藏而言，一方面，缺乏发展的功能性机制，自然环境又导致发展资源受到限制；另一方面，农牧民主体由于历史和社会的原因，自身素质不高而导致求变适应能力等方面的欠缺，使自己未能分享整个社会进步和经济增长所取得的积极性成果而陷入温饱难以解决的贫困境地。

附录二　调查访谈录

访谈笔录一

访谈时间： 2007 年 7 月 30 日上午 9：00～11：30

访谈地点： 门地 22 村第二自然村牧户央姆家中

访谈对象： 央姆（女，52 岁，门地 22 村村委会副主任，小学文化水平，曾在门地乡公办小学读至五年级）

访谈人员： 杨本锋　唐文武　王雪锋

记　　录： 唐文武

翻　　译： 松昂多吉

访谈主题： 门地 22 村基本概况

访谈内容：

问：该村的村名是什么？

答：那曲镇门地办事处 22 村。

问：**22 村是什么性质的村？有多少人口？**

答：22 村是行政村，共有 5 个小组，分别是乌提普玛村、乌提多玛村、鲁古那村、俄玛迪格村、笛尔村，并且每个小组有 1 个组长，全部是藏族。全村共有 96 户，现有总人口 466 人，男 226 人，女 240 人。

问：**该村的历史沿革？**

答：门地 22 村的前身是那曲县门地乡 2 村。1968 年，该村由于在社会主义改造和建设事业中贡献突出，被命名为国家红旗公社，并受到国务院的颁令嘉奖，成为历史上有名的"红旗公社"。2002 年行政区划总体调整后，门地乡并入那曲镇，该村即由原先的"那曲地区那曲县门地乡 2村"变更为"那曲地区那曲县那曲镇门地办事处 22 村"。

问：**该村的地理方位？**

答：该村坐落在离那曲镇西边沿 109 国道南行约 4 公里、距那曲镇西南约 10 公里的"俄玛迪格"小山坡上。该村东至聂荣县，西至班戈县、申扎县与双湖县，南至嘉黎县，北至安多县，东北部与德吉办事处相连，东中部与德吉 19 村相靠，东南部与仁毛办事处毗邻。

问：**该村的气候怎么样？**

答：该村平均海拔在 4500 米以上，气候寒冷干燥，冬长夏短、多大风是该村的主要气候特征，属于典型的高原亚寒带季风半干旱气候。受独特的气候环境条件影响，该村是自然灾害的多发区，经常发生的自然灾害有雪灾、风灾、雹灾等。

问：**该自然村人口构成、居住情况、平均寿命如何？**

答：本村共有 34 户，其中 5 户常住那曲镇。总人口173 人，其中女 95 人，男 78 人，且全部都是藏族，没有村民当僧人。本村每家都有固定的房屋，因此人口居住相对集中。当前本村平均寿命为 62 岁，最高寿命达 86 岁。与以前相比，平均寿命是否延长很难评断，因为虽然以前吃住条件差，医疗卫生条件差，疾病多，但也有活到 80~90 岁的人，当今虽然各方面条件得到改善，但由于食品中含有

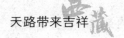

很多化学物质，仍会导致各种疾病，但总体上寿命是延长了。

问：该村的领导班子组成情况是什么样的？

答：该村由党支部和村委会组成，现共有 18 名党员，村委会成员有 5 人，其中 1 名村委会主任，2 名副主任，村委会主任兼村党委书记。现已退休的原村委会主任次仁塔勤（男），曾任那曲县人大代表。党支部、村委会主要负责宣传政策，接收捐赠以及处理打架斗殴等社会治安问题。

问：该村的税收有哪些？

答：无其他税收，唯一税收是按照那曲镇人民政府的规定：按照 1 头牛折合成 5 只羊、1 匹马折合成 10 只羊进行换算，若每户所有的牲畜超过规定的标准，每只羊每年收 2 角，每头牛每年收 1 元，每匹马一年收 2 元，所收费用由村委会保管，用于草场管理与建设费用。

问：该村村民的受教育程度怎么样？

答：该村无初中学历以上村民，以前，由于受条件限制无法上学，但目前家长都有一致的看法，就是要将 8～16 岁青少年送去上小学。

问：该村的畜牧业资源有哪些？

答：该村无任何种植作物，主要是草场承包和放牧，牲畜品种有牦牛、山羊、马和绵羊，按照传统，本村主要以饲养牦牛为主。当发生雪灾等自然灾害或政府要求封草致使冬季缺草时，通常只能以人的食物作为牦牛的补充饲料。本村水主要以河流、湖泊为主，原有的两口井已经干涸，现在人与牲畜饮水全部靠河流水供应为主。本村有野兔、野狐狸、田鼠等野生动物以及从外地飞来的天鹅、鹰、乌鸦等飞禽，但村民从来不猎杀。

问：该村的家庭分工情况是什么样的？

答：男方畜牧，女方主持家务，家务主要是做饭、煮茶、看孩子，老人若腿脚方便也去放牧，若不灵便，则在家休息或做少许家务。孩子则是 8 岁以上就去上学，8 岁以下在家里或村里玩。

问：该村的放牧与草场退化情况怎么样？

答：该村的草场退化通常发生在每年的 3～7 月份。按照藏历年份，一月份是藏族的传统节日，牧民群众基本不在牧场放牧，因此对草场的人为影响并不大，二月份是节后开始放牧的月份，牧民群众通常先将牲畜放到草场吃草，待草料不足时再放到山上去啃食，致使三月份草场开始退化，随后进入人工饲养时期，四月份继续人工饲养，待草场经过近两个月的"休养生息"后，气候逐渐好转，草地已长茂盛，于是五月至七月份成为该村放牧的最好季节，同时也是牲畜育肥育壮的最佳时机，这时的草场将承受超负荷的载畜任务，随之带来的是草场的再一次退化，到了八月份草开始枯萎，这时牧民群众开始为出售畜产品做准备，九月至十月是买卖畜产品最好的季节，这两个月是畜产品需求量最大、价格最高、效益最好、从事畜产品交易的最好季节，十一月至十二月由于气候转寒，除部分冬季草场外，其他草场皆无可供牲畜啃食的草料，牧民群众只有通过储存草料和人的食物以备牲畜过冬。

问：该村的主要自然灾害是什么？

答：2006 年 3～4 月份，本村发生了一次微型地震，但并无危害，这也是历年来仅有的一次。雪灾每年都有，一般发生在 11 月份左右，要持续 5 个月左右。当发生大的雪

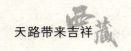

灾时，牲畜死亡不计其数，放牧人员也会受伤，有脚冻伤的，也有眼冻瞎的。受雪灾的影响，每年每户损失不低于1万元。雪灾对本村造成的影响，一般具有循环性，即今年好、明年坏。

问：该村村民经济来源有哪些？

答：以放牧为主，第二自然村无外出打工者，原因是无人懂技术，也无外地人进入。

问：该村的畜产品如何销售？

答：有些牧户直接将活畜拿到市场上去卖，有些牧户屠宰后再运输到那曲镇销售，一般将公的、壮的、肥的卖掉，母的、小的留着，利润最大的是将原产品送往奶制品加工销售点加工后销售，牧户可自己加工好运往销售点，也可由加工点加工，也可直接运往那曲镇去卖，由牧户自主选择。通常情况下，与奶制品加工销售点合作的牧户，富裕户一般收入在4万~5万元/年，一般家庭也不会低于1万~2万元/年，平均每户可达3万元/年。

问：该村近六年（2001~2006年）来结婚、生育、离婚情况怎么样？

答：近六年，本村村民通常结婚年龄为男20岁、女18岁，结婚后，通常女方的传统观念就是生孩子，无其他任何想法，所以女子一般在婚后1~2年生育，生育年龄大约在20岁左右。在通常情况下，本村村民组成家庭后，不会离婚，因为本村村民认为离婚行为很可耻。同样，子女认为再婚行为也很卑劣，无论再婚的对象经济基础有多好，家族都会很反对的。另外，按照习惯，本村村民认为再婚行为是一种违法行为。父母指夫为婚的现象也很少，因为村民们认为婚姻是自由的，如果是指夫为婚，若离婚，子女将会怪罪父母，村民们认为通过自己认识、无中间人介绍的结婚是最神圣、最纯洁的，一般本村年轻村民也都是这么做的。至于婚礼操办规模，主要看双方家庭是否富裕。

此外，本村无一夫多妻、一妻多夫现象，这种风俗习惯一直都没有变过。本村也无同外地人结婚的，5 个小组的村民相互之间也不互相找，因为这是藏民族的规定：直系、旁系不能结婚，一般都在本乡、镇寻找配偶。

访谈笔录二

访谈时间：2007 年 7 月 31 日下午 2：00～5：30

访谈地点：门地 22 村第四自然村牧户索朗念扎家中

访谈对象：索朗念扎（男，36 岁，门地 22 村村委会委员，小学文化水平，曾在门地乡公办小学读至六年级）

访谈人员：杨本锋 唐文武 王雪锋

记　　录：唐文武

翻　　译：松昂多吉

访谈主题：门地 22 村草原畜牧业经济相关情况及青藏铁路通车后对其影响

访谈内容：

问：所处自然村的相关情况？

答：门地办事处门地 22 村第四自然村，共有 18 户、116 人，其中男 60 人，女 56 人。

问：火车开通后对该村的影响有哪些？

答：目前，青藏铁路开通后对 22 村的正面影响，主要

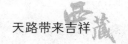

是交通方便，村里有几个人坐火车到拉萨去旅游，但目前该村还没有人坐火车到拉萨去经商的。

青藏铁路的修建对本村也有一定的负面影响，主要是，在修建铁路时对 22 村的草场有所破坏；铁路网围栏围的太矮且有的地方空隙较大，有的牲畜钻到铁道上面去，容易造成有些牲畜死亡。

但这些负面影响只是暂时的、局部的，从长远眼光来看，火车的开通对 22 村的经济发展和人民生活水平的提高具有很强的拉动作用。

问：该村的经济来源有哪些？

答：主要是畜牧业尤其是畜产品加工带来的利润，最为可观，对畜产品进行加工的牧户，富裕户能达到 4 万～5 万元/年，一般家庭也不会低于 1 万～2 万元/年，平均每户为 3 万元/年。

问：该村的畜产品如何销售？

答：一般是屠宰后分别运输到那曲镇卖，利润最大的是奶制品加工。不得不说明的是，以前本村村民未认识到市场（商品）经济（的好处），奶制品绝大多数自用，现在全村村民都认识到商品经济的好处，剩余的畜产品大多用于出售，因为在市场上出售会带来更多的经济收入。

问：该村饲养的牲畜品种有哪些？

答：牦牛的收入较多，本村村民最愿意养牦牛，因为出奶多，产肉多，肉质好，而且牦牛肉最贵，牦牛奶最贵，牦牛最好养，因此本村养的牲畜当中牦牛的头数仅低于所养绵羊的只数。

问：该村的养畜方式主要是什么？

答：以放牧为主，草场退化时采取人工饲养。

问：该村草场退化的原因有哪些？

答：原因大致有以下三种：一是超载与少载并存，导致草场质量下降，发生退化。首先，超载是由于部分牧户养的牲畜过多，对草地的超负荷利用所致；其次，少载是由于部分牧户懒惰，养的牲畜较少，又懈怠于放牧，致使草地资源利用不充分，因为头一年的草，牲畜必须吃干净，否则下一年的草质、数量都会下降；再次，超载与少载是由该村的贫富差距所致。可以说，草场超载是草场退化最主要的原因。二是雪灾、旱灾等自然灾害对草场退化有一定的影响。对 22 村而言，由于自然环境恶劣，雪灾几乎年年都有，一般在 11 月份前后，持续 5 个月左右，若发生一次大的雪灾，除造成草场退化外，牲畜死亡不计其数，平均每户经济损失将达 1 万 ~ 2 万元，小雪灾的发生频率比大雪灾高，一场小雪灾带来的灾害和经济损失也是很严重的。今年本村第一次发生旱灾，若降雨量不充足，将会出现以下情况：草场长不茂→牲畜长不肥（主要是牦牛）→瘦弱牲畜带来经济损失（主要是牦牛）。三是草原鼠对草原也带来一定的危害。

问：该村如何保护草场？

答：主要是通过三种途径来保护：（1）实行草场划界，即实行草场承包责任制。实行草场承包责任制主要是以户为单位，实行家庭承包责任制，承包草场面积的大小按照家庭人数和牲畜数目来确定，国家政策是"10 分 7：3"，即70% 按家庭人数分，30% 按牲畜折羊数分。政府不允许转租承包草场，因此本村无从事草业的村民。（2）网围栏保护。政府提供铁丝等网围栏材料，由村委会组织牧户将承包草场进行圈围，以免牧民随意放牧，牲畜随意吃草，为避免

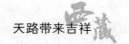

网围栏遭到破坏，通常由村委会或牧户之间安排 3 人轮班看护。（3）季节性轮牧。主要是通过冬季人工饲养来缓解冬季草场的承载力，在 22 村，冬季草场是最优质的草场，面积比平时放牧草场要少，通常夏秋季节禁止在冬季草场上放牧，牲畜过冬时，牧民只将长得肥的、壮的牲畜放到冬季草场上吃草，其他的牲畜圈养，圈养的饲料主要是储存草。种植储存草的办法是这里的祖先传授下来的，沿用至今。即，先把青稞、小麦种在草场里，这样会使草长得很茂盛，营养价值也非常高，然后再从茂盛的草场割草，收割季节一般在 10 月份左右，收割的草堆放在储藏圈内，作为冬季饲料。除储存外，也有用人吃的粮食喂养的情况（尤其是在发生雪灾的情况下）。在冬季，部分牧户由于牦牛数量过多，在草料缺乏的情况下，粮食不能及时供给，顾此失彼，时常会有牲畜饿死的现象。

问：村民们有无草原生态环境保护意识？

答：我们村邻近城镇，牧民思想素质相对较高，思想中普遍视草地神圣无比，认为破坏草场是一种可耻的劣等行为。虽然村民们无草原生态环境保护意识，但也从不会随意破坏草地。

问：该村牲畜生病怎么办？

答：牲畜生病一般去那曲镇兽医站治疗。村里也有兽医站，5 个组中共有 2 个兽医站，但是无固定场所，无医疗器械、药品，且医务人员只有两人，都住在家中，这种"流动性兽医站"只负责注射牲畜疫苗。我们非常希望能有一个固定的兽医站，哪怕一个自然村能有一个兽医点，这样将给本村村民带来很大的便利。

问：当发生雪灾等自然灾害时，政府有何帮助？

答：雪灾通常对人的身体无多大影响，主要对牲畜影响较大，尤其是人和牲畜的食物来源问题，因此政府通常是以食物援助为主。

问：你们村的放牧方式是什么？

答：放牧的方法与牲畜的成活率有一定的关系。科学的放牧方法能使牲畜长得健康、强壮、肥大，反之，不会放牧的，将会导致牲畜生病、死亡（生病、死亡主要是因牲畜乱吃东西，比如塑料等有毒物质或被动物咬死）或丢失。我们村从未有过游牧现象，因为除划界承包草场外，周边地区（除安多无人区外）的公共草场早已被当地牧民占据，习惯性地成为当地牧民的原始牧场。要游牧只有去安多无人区，但安多无人区地域非常辽阔，不适合游牧，也无牧民敢去，牧民游牧一旦进去就很难出来。本村一直以来都是以定居放牧的方式为生，以前依靠帐篷定居放牧，随着经济社会的发展，逐步改变了住帐篷定居放牧的传统，尤其是安居工程的实施，使家家住上了固定的房屋，目前完全改变了人畜混居的状况，基本实现了人畜分离。

问：青藏铁路通车后对本村草原畜牧业经济有何影响？

答：青藏铁路开通前，22 村草场面积广阔，人均占有草场充裕，在青藏铁路开通后，草场面积骤然减少，牧户家庭承包草场虽未受影响，但联营草场地域明显减少，至少减少了一半。因为那曲火车站就建在本村附近，青藏铁路恰好穿过草场，将草场分割成两半，青藏铁路附近的半边联营草场被封，被封后的草场平时禁止放牧，只有冬季牲畜才能钻过桥洞去食草，这也是本村目前唯一一块冬季草场。青藏铁路通车后，联营草场面积减少，但牲畜并没

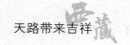

有相应减少，夏秋两季草场明显存在严重超载问题，至今尚未得以有效解决，目前正通过减少牲畜数量的方式来防止超载，牧民只有通过宰杀牲畜，使畜产品进入市场销售，直到草场不超载，现在这个季节牧民宁可超载，也不会宰杀牲畜去卖，因为会出现亏损，只有等到最好的季节（即11月份左右，这时肉价最高，需求最旺），村民才会将牲畜宰杀后去销售，以将损失减到最低。由于受青藏铁路通车这一客观因素的影响，目前本村对于超载有关于罚款的明文规定，但未发生罚款现象，又考虑到公平使用联营草场，牲畜多的富裕户要向牲畜少的贫困户或无畜户缴纳一定的费用，按照牲畜个头状况由村长来计算，一般不会发生纠纷。到今年销售季节，本村超载牲畜将全部宰杀，年底有望解决超载现象。在解决完青藏铁路通车后遗留的超载问题后，为达到草畜平衡，本村今后饲养的牲畜数量肯定会减少，将来饲养牲畜的数量将比往年减少约一半，但经济收入并不会受太大影响，本村牧民将通过改变经营方式和调整畜种结构等措施，来弥补牲畜总量的下降。

问：您是如何看待青藏铁路通车的？

答：这将是一条致富路，短期的损失虽然存在，但从长远考虑，青藏铁路不仅将为邻近城镇的22村全体村民带来更多的经济财富，而且还会在科技、教育、文化、卫生等方面带来一系列好处。

访谈笔录三

访谈时间： 2007年8月1日上午9：00~11：30
访谈地点： 门地22村第四自然村牧户曲朗家中

访谈对象： 曲朗（男，67 岁，原门地办事处 22 村党委书记，没有读过书，但会用藏文读书看报）

访谈人员： 杨本锋 唐文武 王雪锋

记   录： 杨本锋

翻   译： 松昂多吉

访谈主题： 门地 22 村社会与经济的基本概况

访谈内容：

问：该村贫困户的划分标准是什么？目前该村的贫困户有多少？

答：该村贫困户划分的标准主要以羊的只数来衡量。按 1 头牛折 5 只羊来计算，若平均每人达不到 25 只羊算贫困户，没有达到 10 只羊算特困户，每人达到 25 只羊就算已经脱贫。

2002 年以前，22 村拥有 3 个组，当时没有特困户，只有 1～2 户贫困户，2002 年 22 村经过改制，拥有 5 个组，现有贫困户 10 户、特困户 7 户，该行政村的贫困户主要集中在乌提多玛村。

问：该村贫富差距的状况怎么样？什么原因导致贫富差距？

答：该村以前在人民公社时期，那时牲畜承包是按人口平均分配的，贫富差距不大而目前贫富差距较大。

造成该村贫富差距的原因，主要是在管理草场、管理牲畜方面。比如：该村有人不太爱惜牲畜，把大部分牲畜卖掉，然后买些汽车去经商，由于经营管理不善，导致贫穷；也有的自己不努力，靠国家补助；也有些是地委和村党委帮助脱贫又返贫的。

但导致大多数牧民贫穷的原因主要有：（1）人口多、牲畜少，人均占有牲畜数量少，再加上儿女成家，又要花

很多资金，有的家庭要给儿女分家，把本来数量就不多的牲畜分给儿女，导致穷上加穷。（2）也有自然灾害的原因。有时天气干旱，草生长得不茂盛，牲畜吃不上草，有时经常遇到雪灾侵害，如1997年该村遭到一次大的雪灾，大量牲畜死亡，使牧民的生活处于窘迫之中。（3）该村村民的理财能力欠佳。该村大多数牧户没有存钱的习惯，一年收入多少基本上就花多少，再加上国家提供的补偿又不多，使牧民投入到牧业再生产中的资金严重不足。（4）生活资料价格较高导致贫穷。该村村民每年卖了牛羊肉后，收入主要用于买粮食（青稞、大米、面粉等）、买家俱，但很多牧民反映这些必需品价格高且质量不好，使得本来收入不高的家庭每年在生活资料的支出中占去很大部分，为自身素质的培养和提高带来了不利条件。正如20世纪60~70年代的商品，质量好，牧民孩子放牧一年穿2双鞋（夏季、冬季各一双），现在一个月换2~3双，质量坏的5天换一双。（5）铁路征地补偿方面。由于各牧户生产资料的占有数量不等，导致分配悬殊。如22村的乌提多玛村每人平均补助2000多元，俄玛迪格村每人补助9000多元，而笛格村每人平均补助13000多元。由于拥有的资金数量悬殊，以后用于再生产的投入或经营副业所需资金来源的差距也会相应加大。

问：该村对五保户采取的救济方式有哪些？

答：该村有五保户2户，共2人。国家现在给五保户补助120元左右/月，以前108元/月。每个自然村在每年秋季（大约藏历十月至十一月左右），给五保户酥油24斤，奶渣36斤，肉120斤，牛粪180袋，每年给一次。除此外，该村采取的扶贫方式也有贫困户向富裕户讨要些牛、羊的，本自然村有施舍给贫困户牛羊的，其他自然村也有施舍给该村贫困户牛羊的现象。

问：目前，该村实行草场承包责任制的具体做法是什么？

答：22 村实行草场承包的具体做法是：草场承包主要按人口数进行分配，按人畜比 7∶3 的比例进行分配，按 1 头牛折合成 5 只羊、1 匹马折合成 10 只羊的标准，都折合成"羊"的只数进行统一分配。生产能力好、产草量高的草场实行分配，差的草场（一般是沙地、湖泊周围）自由放牧，一般是 1 个人平均分到 60 亩草地，1 只羊平均分到 0.4 亩草地。在把草场分到各户之后，也有把各家草场合作起来进行放牧的。最多的是 11 户一起放牧，一般都是 2 ~ 3 户、3 ~ 4 户，没有一家一户单独承包放牧的。虽然是几家在一起承包，但户间存在的矛盾不大，因为牛羊数量多的牧户要按 1 头牛折合成 5 只羊、1 匹马折合成 10 只羊的标准，为折合成羊的数量少的家庭按 1 只羊 1 天 5 分钱进行补偿，1 年结算一次。

问：目前，该村有没有草场出租的现象？

答：目前 22 村尚没有草场出租现象。因为该村主要以牧业为主，搞副业经营的不多，只有几个经商的，主要是在离该村只有 10 公里的那曲镇开茶馆、饭馆、商店，他们的经营方式主要是既不离土，也不离乡，又考虑到草场是他们生活保障的重要来源。因此，至今 22 村尚没有出现把草场使用权租赁给他人使用的现象。

问：目前该村实行牧民安居工程的情况怎么样？群众对此工程看法如何？

答：2006 年，该村一共有 96 户，其中 21 户实行了安居工程。政府规定，人口多的家庭，一家不少于 80 平方米，

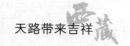
人口少的家庭，一家不少于 60 平方米。那曲镇人民政府为了切实减轻群众负担，采取以政府为主导、公助自筹的方式落实并保障了各项工程建设资金，主要做法是政府对每户补贴 1.5 万元，没有直接给牧户资金，而是以给木材、建筑材料的方式补给用户。除政府补助资金外，不足部分以牧户自筹、银行贷款、劳务投入、援藏支持等形式解决。牧民可凭持有的"牧户贷款证"（包括金卡、银卡、铜卡）到银行贷款，金卡可贷 2 万元，银卡可贷 1 万元，铜卡可贷 5000 元。建房子所借款可以分 3 年还清，不收利息，若贷款超过 3 年，超过年限贷款利息，地区财政将不予承担贴息，原则上由牧户自行承担利息。

22 村的牧民群众还希望那曲镇人民政府今年加大实行安居工程的力度，他们都普遍认为还是定居好，因为在家里可以用上电，可以看到电视，可以听到党中央的声音。

问：目前，该村实行计划生育的状况怎么样？政府有何奖励？

答：20 世纪 60～70 年代，一般家庭规模为 5～6 人，20 世纪 80 年代末 90 年代初，该村开始实行计划生育政策。目前该村已婚家庭没有超生现象，一般家庭规模为 3～4 人。

目前，政府对该村牧民孕产妇分娩实行奖励政策，凡牧民孕产妇在那曲县各级医疗机构住院分娩的，一次性奖励孕产妇 30 元，奖励护送者 20 元，所产生的医疗费用 80% 的可以报销，另外 20% 的医疗费用自己支付。

附录三　相关材料

材料一
"除陋习"　提高生活水平，
"树新风"　改善生活质量
——那曲镇门地 22 村"除陋习、树新风"先进事迹*

那曲镇门地 22 村，即原门地乡 2 村，由于在革命事业中贡献突出，于 1968 年被命名为国家红旗公社，并受到国务院颁令嘉奖，在以后的几十年中，还多次受到自治区、地区的表扬。如今的老红旗公社，于 2002 年区划调整后并入那曲镇，在国家优惠政策的惠顾下，更是出现一派欣欣向荣的景象，就拿以妇女同志唱主角的"除陋习，树新风"活动来说，就传统地走在全镇各村（组）的前列，并给全镇树立了榜样。

一　健全妇女组织

为了配合"除陋习、树新风"活动，区划调整后，门

---

* 资料由那曲镇人民政府提供。

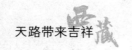
地 22 村对妇联组织进行了调整和健全，由村委会副主任央姆同志为首的五人领导小组全面负责该村的妇女工作。由于有一个健全的组织作保证，加之妇联组织中几名干部对工作认真负责，细心到位，"除陋习、树新风"活动得到充分开展。

二 开展"十星级文明户"评选活动

继开展"五好文明家庭"评比活动之后，在那曲镇一居委 3 组试点成功的基础上，门地 22 村又把"十星级文明户"评比活动作为"除陋习、树新风"的新内容在全村铺展开来（"十星"包括立场星、学习星、发展星、团结星、道德星、教育星、科技星、卫生星、安全星和奉献星）。2006 年，全村 75 户通过评比，有 21 户获得"十颗星"，占全村总户数的 28%，最少的也有 6 颗星（只有 4 户），及格率为 100%。通过这项评比活动，不但增强了牧民群众的荣辱感，激发了更强的竞争意识，还提高了全村的文明品位，受到全村群众的拥护。这里更值得一提的是评比方法，他们采取群众"自评"、"相互评"与"精神文明领导小组"汇合审评的方法，即首先是让群众自家给自家评分（这样可以增强民主的程度，提高群众参与活动的积极性）；然后由群众集体相互评分，最后由镇党委"精神文明领导小组"审评，最终确定每户的"星级"并开会下发"星级牌"。

三 制定卫生检查制度，严格执行考核标准

针对外界"那曲人比较脏，不爱讲卫生"的说法（事实也基本如此），门地 22 村成立了"卫生检查领导小组"，并在此基础上，制定了卫生检查制度，实行严格的考核

标准。

对公共卫生，他们每周小打扫一次，每半个月大打扫一次，要求做到地面干净，没有牲畜粪便、塑料袋、其他垃圾等。集体大扫除期间，没有一家不参加的。到现在，这种活动已成为群众的自觉活动。对清理的垃圾，能烧的集中烧掉，不能烧的，连同烧的灰烬一同埋于挖好的坑里面。经过一年多的努力，门地 22 村没有任何卫生死角。

对个人卫生，不但要求大家养成洗脸、刷牙、勤换洗衣服的习惯（这一点已基本养成），还要求每天早晨都对家庭卫生进行打扫，做到炊具（包括锅、碗、瓢、盆、勺等）无染，窗明几净。为了保持卫生，领导小组要求每户门前放一个垃圾桶，家庭卫生打扫的垃圾装满后集中倒到指定的地点以待统一清理。对个人卫生，卫生管理员（女同志担任）会同村委会成员一个月检查一次。

对于"人畜饮水解困工程"，妇女同志们非常珍惜，不用排班，她们谁早晨打水去得早，谁就主动地打扫水井房内的卫生，保证了大家的用水卫生，也避免了"病从口入"的可能。

四　强化妇女的学习教育，提高妇女的整体素质

为了适应经济、社会发展的需要，使妇女这"半边天"在社会发展过程中发挥更大的作用，门地 22 村妇女同志组织特别注意从科学文化知识、道德修养知识等方面培养、提高妇女同志的整体素质。

（一）科学文化知识教育方面

由于历史的影响，妇女在社会上受文化教育的机会相

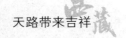

对来说是比较少的，为了革除这一陋习，树立新的风尚，妇女们首先从自己这一代人做起，她们不但积极参加集体扫盲班（村文化室是教室），还争先恐后地学习科学知识。经过几年的努力，全村 87 名妇女中，只有 4 人没有脱盲，脱盲率达 95.4%，没脱盲的 4 个人，也是由于年龄太大（最大的 80 多岁，最小的也有 60 多岁），记忆力差没脱盲。身为牧民，在学习科学知识方面她们主要是从科学方面着手，先后集体学习过《养牛学》、《饲料与饲养学》等，并按照"理论联系实际"的原则把所学的知识不断运用到提高牲畜的产奶与产肉方面。为了使学习不至于"事倍功半"，她们还专门请了小学的教师给扫盲班上课，生动形象的教学方式，使扫盲班的妇女同志们很快就掌握了所学的内容。为了使科技知识的学习达到"事半功倍"的效果，她们不但派妇女代表去镇里参加"科学养畜培训班"，还把老师——兽医嘎瓦同志请到学习班去授课。受这几次活动的影响，全村不仅妇女同志，就连男同志也逐步树立起学习科技文化知识的习惯，无事喝酒、赌博等坏习惯已几乎被学习所取代。思想开放的门地 22 村无论是男孩子还是女孩子，家长都一样对待，49 名学龄儿童，有 46 名在上学（除 3 名残疾儿童外），入学率达到 100%，在她们的思想中再没有重男轻女的影子。

经过学习科学知识，村民生病后，不再请巫师神婆来家瞎倒腾或去求神拜佛，而是及时就医，因而也再没有耽误病情的现象。更值得一提的是，别说迷信活动，就连宗教信仰活动门地 22 村也没人去搞了（除丧事外），他（她）们把全部的精力全用到发展生产上去了。

（二）思想道德教育方面

针对门地 22 村是青藏铁路进藏后藏北第一大客运站的实际情况，为了让来那曲旅游的各族客人认识西藏妇女新的精神面貌，并利用机遇发展本地经济，门地 22 村妇女从 2005 年就开始注意村民的思想道德教育。

结合那曲镇党委的要求，门地 22 村就《公民道德建设实施纲要》进行了 3 次集中学习。在学习过程中，每次每户至少一个人参加，还要求每户至少有一名妇女参加（没有妇女的另当别论），集中学习后，还要求他（她）们回去向全家进行宣传。学习班上，重点教育大家要把为人民服务作为自己工作的核心，以爱国主义和集体主义作为行为的准则，要热爱祖国、热爱人民、热爱劳动、热爱科学、热爱社会主义，力争做一个具有社会公德、职业道德、家庭美德的合格公民，要做到"爱国守法、明礼诚信、团结友善、勤俭自强、敬业奉献"。为了使学习能循序渐进，门地 22 村还把《公民道德建设实施纲要》学习宣传单印发了 80 份，做到宣传内容家喻户晓。对于《公民道德建设实施纲要》的学习，村妇联组织还要求妇女同志把好自家的学习关，督促、检查家庭成员的学习。

针对"那曲人慵懒"的说法，门地 22 村妇女经常教育自己的家人"流自己的汗，吃自己的饭，自己的事自己干，靠天靠地靠祖上，不算是好汉"，以此来逐步树立自己自力更生、艰苦奋斗、创造条件奔小康的精神和信念。在有效的教育下，加之市场意识的树立，利用交通要道的便利条件和青藏铁路修建的机遇，门地 22 村（以妇女为主）在有关部门的帮助下，大力发展"城郊畜牧业"和小商品及饮

215

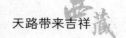

食业，通过卖畜产品、小商品和饮食来实现自己的原始资本积累。经过 2006 年一年的努力，门地 22 村有 26 户仅通过卖酸奶一项收入就达 8000 多元；卓玛次仁、次仁卓玛、次仁央吉、央勤等户通过卖小商品、饮食等都赚了 15000 元左右；另外，白玛玉珠家通过办小吃部、卖小商品和酸奶，收入高达 24000 元。2006 年，还有 13 名妇女为铁路修建输出劳务，2 个月每人收入 2140 元。

为了使思想道德教育得以升华，让群众成为学法、知法、懂法、守法的公民，门地 22 村对法律教育尤为重视，2007 年他（她）们不但派代表去镇里参加法律知识学习班，村里还集体先后学习了《婚姻法》、《计划生育法》、《土地法》、《教育法》、《未成年人保护法》、《中华人民共和国刑事诉讼法》等，对因事没能参加的群众，以央姆同志为组长的补课小组还亲自上门为他（她）们补课，力求把工作做到"家"。

经过思想道德教育，村民的思想有一个质的飞跃，2006 年，他（她）们为"五保"老人（一人）共无偿捐赠了 24 斤酥油、34 斤奶渣、80 斤肉、88 袋牛粪（作为燃料）；为残疾村民次仁巴姆修建了两间房子；对计划生育困难户进行照顾，不但照顾生产，照顾年幼的孩子，还到医院照顾"病人"，桑美（女）同志还为央琴捐了 250 元钱用于买营养品；次仁巴姆生病，大家（以妇女为主）亲自把她送到医院，还轮流照顾病人。新风尚的出现，让人们更加感到人情味的浓厚和社会主义大家庭的温暖。

如今的门地 22 村，严格执行"一夫一妻制"，再没出现"一夫多妻"和"一妻多夫"的现象；妇女们更是自尊自爱，人人对自己的生活都很检点。

　　认识到"那曲是反对达赖集团分裂祖国的前沿阵地，争夺青少年，控制寺庙是分裂集团进行分裂活动的重要手段"，门地 22 村的妇女们就把对孩子的爱国主义教育作为重点，用新旧社会对比法引导孩子们认识反动集团的本质——为一小撮"特殊人"的个人私利要把西藏再次带向黑暗的农奴制社会。在长期的耳濡目染下，持有反动言论的青少年没有，追随达赖集团者更是不存在。

（三）计划生育方面

　　在门地 22 村，国家"控制人口数量，提高人口素质"的计划生育政策得到贯彻落实，经过长期的思想教育及与家中孩子少的家庭做比较，妇女们已逐渐消除了"传宗接代、多子多福"的封建宗族思想，树立起"生男生女都一样"和"优生优育"的现代生育观，到目前为止，全村 71 个已婚妇女中有 59 人做了绝育手术，仅 2006 年就有 3 人做了绝育手术，超额完成指标的 200%。

　　经过村委会评比，对"除陋习、树新风"活动搞得好的户，每年的"三八"妇女节，村委会不但开大会从精神上进行表扬，还从物质方面给予奖励，以肯定妇女同志们的工作。

　　总之，经过"除陋习、树新风"活动，门地 22 村妇女的健康水平大大提高，生活质量也得到大幅改善，并促进了本村的物质文明和精神文明建设。现在村民调侃说，我们村的妇女是我们村的当家人，的确不错，门地 22 村的妇女正扮演着该村物质文明和精神文明建设的主角，她们树立起一项项新的风尚。

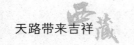

材料二
"美德在农家"　建设社会主义文明新农村
——那曲县"美德在农家"先进事迹*

那曲县原名黑河县，位于西藏自治区中部，是地委行署所在地，是全地区政治、经济、文化和交通中心。全县土地面积4.8万平方公里，管辖3个镇、9个乡、156个村委会、1024个自然村。2006年底，全县总共134952户，计619721人，其中女性322255人，占总人口的52%。

1968年，那曲县那曲镇门地22村由于在革命事业中贡献突出，被命名为国家红旗公社，并受到国务院的颁令嘉奖。在以后的几十年中，那曲县妇联多次受到自治区、地区和那曲县的表彰。2005年，那曲县门地22村被地区妇联确定为"美德在农家"活动试点村。活动开展以来，那曲县认真贯彻党的十六大精神，积极推动《公民道德建设实施纲要》，着力推动以提高家庭道德水准、不断创新载体、丰富活动内容、结合新农村建设、在门地22村深入开展了"美德在农家"为主要内容的五好文明家庭创建活动，取得了良好的效果。

一　健全组织，保证"美德在农家"活动持久有效地开展

"美德在农家"工作的好坏，领导是关键。那曲县妇联领导班子高度重视"美德在农家"活动领导工作，多次

---

* 资料由那曲镇人民政府提供。

召开专题会议，统一研究和部署"美德在农家"实施中的重大事项，成立了县妇联主任担任组长、门地22村村委会负责人为副组长活动领导小组，专门指定了以央姆为首的五人领导小组全权负责"美德在农家"活动的落实，形成了"一把手"具体抓、层层抓落实的管理制度，保证了"美德在农家"活动持续、稳定地开展，确保了活动的成效。小组设立了"美德在农家"活动领导小组办公室，具体负责"美德在农家"活动的指导、组织、管理、检查和监督。

二　加强宣传教育，转变群众观念，争取群众的支持

许多实践证明，群众是否满意，是我们开展工作成败的决定因素。"美德在农家"活动的主体是牧民家庭，要实现真正进农家，就必须让群众动起来、活起来，这是活动成效的关键。那曲县妇联始终把宣传教育、营造良好的氛围放在首位。

（1）制作了藏文宣传栏，粘贴标语，悬挂"美德在农家"的横幅，向群众广泛宣传《公民道德建设实施纲要》、新农村建设二十字方针等，在全村营造了"美德在农家"的活动氛围。同时，那曲县妇联为赢得群众的参与和支持，两人一组，深入到牧民群众家中，挨家挨户地进行宣传教育。通过与群众拉家常，讲群众身边的故事，循序渐进地引导群众认识开展"美德在农家"活动的重要性和必要性，回答群众提出的问题。

（2）开展丰富多彩的活动，吸引群众参加。村民委员会每星期都组织牧民家庭主要成员到村文化活动室进行学习，通过举办培训班，总结交流，增强群众的认同感。那曲县妇联还以弘扬家庭美德、社会道德、伦理道德、倡导

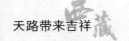

时代新风为主题，组织群众编排了以弘扬家庭美德为主要内容的藏戏和舞蹈 12 余种，利用茶余饭后、重大节日进行演出，用身边的事教育身边的人，寓教于乐。

（3）举行讲座，丰富"家家学"实质内涵，真正学到东西。那曲妇联专门邀请了县司法局、县科技局开展普法、科普讲座，大力提高牧民科学文化水平，为农民增收提供智力支持。通过宣传，使"美德教育"活动的目的、意义家喻户晓，人人皆知，活动别开生面。

三 创新活动方式，扎实有效地开展"美德在农家"活动

用活动教育人，用活动引导人，用活动凝聚人，为确保"美德在农家"活动的扎实开展，全村以新农村建设为切入点，不断丰富活动载体，紧紧围绕家庭做文章。

（1）积极开展"十星级文明户"评选活动，在吸取那曲镇一居委 3 组试点成功经验的基础上，那曲县妇联把"十星级文明户"评比活动作为"美德在农家"活动的新内容在全村铺展开来。2006 年，全村 75 户通过评比，有 21 户获得"十颗星"，占全村总户数的 28%，最少的也有 6 颗星（只有 4 户），及格率为 100%。通过这项评比活动，不但增加了牧民群众的荣辱感，激发更强的竞争意识，还提高全村的文明品位，受到全村群众的拥护。

（2）以"美德在农家"为主题，那曲县妇联开展了室内外环境卫生整治，组织动员门地 22 村广大妇女积极参与县委、县政府确定的"三清四改普及一取缔"活动，建立了家家户户日清扫、妇女代表小组周检查、村妇代会评比、乡镇妇联季验收的环境整治、检查、评比长效机制。目前，

门地 22 村的公共卫生每周小打扫一次，每半个月大打扫一次，地面做到了干净卫生，没有牲畜粪便、塑料袋、其他垃圾等。家庭卫生养成了洗脸、刷牙、勤换衣服的习惯，牧民群众家庭中做到了炊具（包括锅、碗、瓢、盘、勺等）干净。通过"抓建设、促和谐"达到了居室窗明桌净，被褥勤洗，室内空气清新，居室内外净化、绿化、美化、亮化"四化"的标准。

（3）以"情在农家"为主题，那曲县妇联广泛开展了夫妻爱情、父母养育情、兄弟手足情、婆媳体贴情、邻里互助情的五情活动。通过开展活动，使尊老爱幼、邻里互助的气氛更加浓厚。

（4）以"学在农家"为主题，强化妇女的学习教育，提高妇女的整体素质。妇女是"半边天"，在社会发展过程中发挥更大的作用，2006 年，那曲县妇联利用县扫盲教育的机会，对门地 22 村妇女进行扫盲教育，使全村 87 名妇女中，有 83 名脱盲，脱盲率达 95.4%。2006 年下半年，那曲县妇联在门地 22 村举行了"科学养畜培训班"，把老师——兽医嘎瓦同志请到村里，边上课，边实践，让妇女掌握科学养畜知识。2006 年，那曲县结合青藏铁路通车的机遇，为了展示那曲妇女形象，先后 3 次组织门地 22 村妇女学习《公民道德建设的纲要》，并对妇女进行了形式教育。广大妇女在教育中真正认识到了那曲是反对达赖集团分裂祖国的前沿阵地，认识到了达赖集团的真面目，激发了广大牧区妇女爱国守法的热情。

受这次活动的影响，男同志也逐步养成了学习科技文化知识的习惯，该村牧民群众思想中再没有重男轻女的影子，无论是男孩还是女孩，家长都一样对待。目前，该村

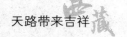

49 名学龄儿童，有 46 名在上学（3 名残疾儿童除外），入学率100％。全镇 71 位已婚妇女中有 59 人做了绝育手术，2006 年就有 3 人做了绝育手术，超额完成指标的200％。如今的门地 22 村，严格执行"一夫一妻制"，再没有"一夫多妻"和"一妻多夫"的现象。妇女们更是自尊自爱，人人对自己的生活都很检点。村民生病后，不再去请巫医神婆来家瞎折腾或去求神拜佛，而是及时就医，没有耽误病情的现象。更值得一提的是，别说迷信活动，就连宗教活动也没有人去搞了（除丧事外），他（她）们把全部精力都用到发展生产上去了。

（5）积极发挥妇女半边天的作用，发展经济。那曲县妇联针对"那曲人慵懒"的说法，教育妇女要自立，要"流自己的汗，吃自己的饭，自己的事自己干，靠天靠地靠祖上，不算是好汉"，树立自己自力更生、艰苦奋斗、创造条件奔小康的精神和信念。在那曲县妇联（以妇女为主）和有关部门的帮助下，门地 22 村群众特别是妇女同志充分利用便利的交通条件和青藏铁路修建的机遇，大力发展"城郊畜牧业"和小商品及餐饮业。门地 22 村 26 户仅仅通过卖酸奶一项收入就达 8000 多元；卓玛次仁、次仁卓玛、次仁央吉、央勤等通过卖小商品、饮食等都赚了 15000 元左右；另外，白玛玉珠家通过办小吃部、卖小商品和酸奶，收入高达 24000 元。2006 年，还有 13 名妇女为铁路修建输出劳务，2 个月每人收入 2140 元。

四　强化机制，力保长效

"美德在农家"活动是一项长期的系统工程，为了确保活动的实效，那曲县妇联探索施行三项长效保障机制。

（1）通过定期评选表彰机制，调动群众的参与积极性。利用每年的"三八"妇女节或年终总结会评选表彰"和谐家庭"、"四勤媳妇"、"好婆婆"等各类"美德在农家"先进典型。（2）建立奖励机制，增强群众积极性和主动性。积极争取乡镇党委、政府的重视支持，对涌现出的各类妇女先进典型，利用每年经济工作会议进行隆重表彰，实行持牌奖励，并在电视、报纸等各种媒体和乡村组宣传栏中，对典型的先进事迹进行广泛宣传报道和公开公示，强化荣誉感、责任感及榜样效应。（3）对各类典型实行动态管理机制，增强广大群众的自律性。

"美德在农家"活动，丰富了新牧区五好家庭创建活动的内涵，促进了农村精神文明建设。目前，全县呈现"四多四比"的喜人局面。（1）读书学习多了，农村家庭成员素质有了明显的提高。通过采取建书柜、送字画、悬挂科技书袋等方式，广泛开展了家庭读书活动和学习型家庭创建活动，家庭成员中主动学文化、学科技的人多了，家庭成员整体素质得到了提高。（2）孝敬老人、邻里和睦的多了，社会风气有了明显的改善。据统计，开展"美德在农家"活动以来，门地22村民事纠纷调解组织参与调解家庭成员、邻里之间的纠纷与2006年同期相比下降了近一半。（3）争当先进的多了，牧户勤劳致富的劲头更加足了。通过开展"和谐家庭"、"四勤媳妇"等先进典型的评选，极大地调动了广大妇女参与评选、争当先进的积极性，牧区家庭中掀起了争先进、比致富的热情。（4）农村业余文化多了，农民的精神生活更加丰富了。通过开展"美德在农家"活动，妇女自发组织自编自导节目教育妇女投身于新农村建设。丰富的农村业余文化活动，既吸引了广大妇女

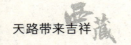

的积极参与，又教育了农民尊老爱幼、遵纪守法、勤劳致富。

通过宣传教育，喝酒赌博的少了，争先进、当能人、建和谐、促发展的人越来越多，全县牧区呈现出了你追我赶比发展、尊老爱幼比和谐、讲究卫生比环保、遵纪守法比产安的良好局面。

材料三
增强民主法制观念　创建法治示范村
——那曲县那曲镇门地 22 村民主法制建设实际材料*

那曲镇门地 22 村，坐落于那曲镇西南约 10 公里的"俄玛迪格"山坡上，因而得名"俄玛迪格村"。全村共有 5 个小组，85 户，422 人，牲畜总数 8275 头（只、匹）。青藏公路与青藏铁路横穿该村，且青藏铁路藏北第一大站——那曲火车站就修在该村，不但是藏北的交通枢纽，还是物资、信息的集散地。

该村的前身是那曲县门地乡 2 村，由于革命工作出色，20 世纪 70 年代，被国务院授予红旗公社荣誉称号。自改革开放以来，精神文明建设与法制建设就成为该村的传统建设工作。

近年来，那曲镇门地 22 村在党委、政府的关心、支持下，充分发挥毗邻市区的优势，以基础产业——牲畜业为依托，抓好物质文明的同时，更注重精神文明的建设，因

---

　*　资料由那曲镇人民政府提供。

而取得了两个文明建设的双丰收。1999 年，这个村被评为全国精神文明建设工作先进村，受到了中央文明办的表彰；2001 年被那曲地区精神文明办公室评为"那曲地区精神文明先进单位"；2002 年被西藏自治区基层精神文明建设领导小组评为"西藏自治区基层精神文明建设示范单位"；还先后被评为全国"二五"普法先进单位、地、县两级"三五"普法先进单位、自治区小康示范村。2004 年底，全村 GDP总收入为 1377363.7 元，人均 GDP 为 3321 元，人均现金收入 1650 元；全村牧民现有住房 272 间，计 6658 平方米，人均 16.082 平方米。自治区、地区领导还多次到该村视察、调研。

一 村级组织健全有力

党的十一届三中全会以来，门地 22 村的组织建设得到健康、良好地发展，特别是 1995 年全国开展农牧区基层组织建设工作以来，在乡党委、乡政府的高度重视、支持下，村党支部、村委会贯彻党中央关于加强基层组织建设的精神，充分发挥党组织的领导核心作用，不但充实完善共青团、妇联等基层组织，带动全村两个文明建设的全面发展，还按照"民主选举、民主决策、民主管理、民主监督"的原则和相关的法律、法规，建立健全了"草场管理领导小组"、"村务管理与监督领导小组"、"社会治安综合治理领导小组"、"矛盾调处领导小组"、"环境保护与治理领导小组"、"民主理财小组"等。各领导小组成立后，按照相关法规、文件的要求，根据本村的实际，都在召开村民会议或村民代表会议的基础上进行了讨论并制定了相关管理制度。对于各类组织的成立和工作过程，村党支部都进行了

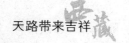

记录与存档。

经过几年的发展，2005 年该村党组织已发展到 18 名牧民党员，团员发展到 55 名，妇联组织也发展到 36 名成员。这些组织在镇党委、镇政府的领导下，在三个文明建设中起到了中坚作用。在社会治安综合治理和三级治保网络健全、组织职责明确、工作扎实开展的情况下，该村近几年来不仅没发生过刑事案件，甚至连治安案件都没有发生过，在三级调解组织网络健全、人民调解制度完善、工作踏踏实实地开展的情况下，仅有的一两次纠纷都得到及时化解，无村民集体上访事件发生，只有个别上告或上诉现象发生。

二　民主制度规范完备

按照有关法律、法规及文件精神，在乡镇换届领导小组的现场指导下，村委会依法按时换届，严格程序，采用公开竞争、无记名方式选举，无违背群众意愿的指定、委派、撤换或变相撤换村委会成员的行为发生。2005 年第五届一次村（居）民委员会换届选举工作中，门地 22 村第五届村民委员会选举工作按照《那曲镇二十二村第五届村民委员会选举方案》、《乡选手册》、村民自治的标准和相关法律、法规，在确定选民人数后，对 13 名村委会候选人进行了选举，最终选出村委会主任（兼支部书记）1 名，副主任 2 名，委员 2 名，当选人员的得票率都在 91% 以上。该村的村选中，民主性、透明性很强，受到地、县民政局领导的表扬。新老班子交接和后续工作到位、完备，各种规章制度健全——好人好事登记制度、党员登记制度、困难村民救助登记制度、村民变动登记制度、村民健康状况登记制度、会议记录制度、计划生育登记制度、民主评议记录制度、组织生活会议登记制度、纠纷调解登记制度和学法、知法、守法档案等多次受到自治区、地、县领导的高度评价。正因为门地22村在村民自治方面工作成绩突出，2004年，西藏自治区村民自治现场会就在该村召开，并荣获"西藏自治区村民自治示范村"荣誉称号。

该村每年召开6~7次村民大会，凡是与村民切身利益密切相关的事项都拿到村民委员会议上进行民主决策。如村务管理、村务公开、财务收支、经济与社会发展规划、环境保护等，都常是会上的主题。

该村还制定村规民约、草场建设与管理制度、防抗灾制度。所有的制度制定以后，群众都自觉遵守，实施后的效果也非常明显。尤其是在村务公开制度上，村党委一班人在自治区八届人大代表、村支部书记、村委会主任扎西罗布同志的带领下，努力实践"三个代表"重要思想，坚持勤政为民，把群众的利益放在第一位，村里的开支严格按照审批制度落实，实行有效的监督机制，尤其是草场使用费、救灾款物发放等涉及财务的问题，都要及时进行公开，在村干部中专门设有1名会计（村委会主任）和1名出纳（村委会副主任），确保了党风廉政建设的持续健康发展。在重大决策上，坚持集体研究，科学决策，使全村经济和社会得到了健康发展。在每年底对村干部进行民主评议，并对表现优秀的干部进行精神奖励，对不合格干部做批评与思想教育。

三 法制教育扎实有效

该村一向认真贯彻国家的各项法律法规和政策。为了做到"学法、知法、守法"，门地22村成立了以党支部书记为组长的"法制宣传领导小组"，以《农村基层民主法制建设讲话》为主纲，积极开展学习法律的活动。为了使学习卓有成效，该村建立了法制学校，由党支部书记任校长，夏季一个月上两次课，冬季一个月上四次课，并开辟法制宣传教育阵地，开展"法进家庭"活动，由村里的法制宣传组安排法制宣传员到每家每户做讲解，力求做到每家都有"法律明白人"。还配合司法和公安部门，在"12·4"法制宣传日进城宣传。近几年内，14~60岁的村民作为法制教育对象，其中年轻人和团员作为重点对象，先后学习了《宪法》、《婚姻法》、《草原法》、《环境保护法》、《教育法》、《治安条例》，法制宣传组冬季和秋季每周组织学习2次，夏季和春季每周组织学习1次，每个自然村自行集中学习，半个月后在村委会进行一次法律测试。目前，全村年轻牧民和团员中，有28人可熟练背出"五个法律一个条例"中的100多个章节，能背出几十条章节的达参学人数的半数以上。年中和年底评比时成绩较好的进行经济奖励和精神鼓励。为使全村群众有一个良好的治安环境，该村成立了治安调解领导小组（7人组成），制定有《七个预防条例》。抓好村民的法纪教育，利用多种形式开展普法宣传，组织法律知识竞赛，收看宣传法律知识的电教片等，引导大家知法、懂法、守法、用法。在此基础上，村委会还定期义务为大家提供法律咨询，发现纠纷苗头和治安隐患及时制止。经过努力，4年以来，该村治安秩序良好，社会稳定，从未发生过刑事案件。

知法，就是为了守法、用法，在计划生育工作中，村民自觉按照法律要求，育龄妇女该做绝育手术的做了绝育手术，该上环的上环，几年来，没出现过超生现象，更没出现"非婚生"现象。

　　青藏铁路的修建，为门地 22 村的发展带来大好的历史机遇，但资源和环境保护工作也因此被提到了议事日程。认识到资源与环境保护对未来发展的重要性后，该村专门成立了资源及环境保护领导小组，协调铁路建设与地方资源和环境的矛盾，以保护当地的土地资源、草场资源、水资源及环境。

四　经济社会和谐发展

　　门地 22 村村委会由于与外界信息接触得比较多，思想解放的也比较早，市场经济意识树立的也先于其他地方的牧民群众。20 世纪 90 年代，他们就看准了该村在城郊和青藏公路沿线的区位优势，在乡镇党委、乡镇政府的支持下，先后有 40 家组成了 10 多个牧民联合组织，经营牛奶、酸奶、拉拉等藏牧区的特色产品，其中最大的一个是原门地乡成立的牧场。他们还利用区位优势经营小型度假村、小商品出售等。该村城郊畜牧业的强劲发展势头也受到自治区、地、县领导的重视，2004 年，在那曲县有关单位的扶持下，争取到 70 多万元的城郊畜牧业项目资金，建设厂房，硬化道路，购买包装机、封口机、包装盒、冰箱、消毒柜等设备，并组织群众进行培训。在此基础上，采取了国家和群众入股的形式，由群众负责，实行自主经营、自我管理、自负盈亏的运作模式，形成了一项典型的"到村到户"的"短平快"致富项目，为那曲县畜牧业产业化和促进农牧民增收奠定了基础，同时填补了那曲县无自己特色系列畜产品的空白。为了多渠道增加群众收入，门地 22 村在那曲镇劳务输出领导小组及相关单位的帮助下，积极将剩余劳动力向铁路建设转移。经过几年的发展，该村现已拥有了奶制品联营销售点48个，酸奶销售年收入达40余万元；2002～2005年，全村每年向铁路建设输送劳动力收入达25万余元，人均增收1000多元。近年来，该村小商品销售得到了良好发展。该村的欧琼从1998年开始，以2000元起家，到现在已经拥有了近百万资产；全村每年的牛粪销售收入也在8万余元。那曲火车站位于村南2公里处，交通十分便利，过往拉萨和那曲的车辆、人员必经此地，是人流、物流、信息流的交通要道。此项目实施带动了示范点周围那曲镇、罗马镇和古露镇1500多户牧民奶业的发展。项目的实施有效提高了畜产品附加值。"羌牛"牌项目建设前，10斤鲜奶只能提取1斤酥油，产值20元。经过第一次改进传统生产方式，变成桶装酸奶后，每10斤鲜奶实现销售价70元，增加附加值50元；第二次通过进一步提高生产方式和产品卫生条件，改进了产品内外包装及提高卫生标准后，10斤鲜奶实现销售价130元，增加附加值110元。通过本项目的实施，仅2004年8～12月，该加工厂销售酸奶就达58333斤，创利5万多元。同时，该加工厂在村委会的指导下，以当地3户牧民家庭为基础，由15人组成牧民合作经济组织，自我管理、自我积累、自主经营、自负盈亏，同时帮助并带动当地其他的贫困群众增收，逐步走上共同富裕的路子。对下一步的经济发展，门地22村村委会已制定了中、长、远发展计划，将利用区位优势和沿路优势条件，发展沿青藏公路和沿青藏铁路经济，从事商品批零、旅游业、仓储业、房屋出租、餐饮业等。目前，门地22村村委会已开始行动起来，向地、县国土资源部门申请发展所需的地皮，所申请的用地有望在明年批下来。村党支部围绕村民利益办好事，以切实改善村民的居住环境和生活质量为目标，努力提高村组品位，让村民与城市居民共享现代文明。他们从发展公共设施入手，加强配套设施。他们针对"脏乱差"的现象，修建垃圾处理场和公共厕所，结束了人畜饮水不分和人畜混住的历史，在村规民约中将卫生作为一个重要方面做出了专门规定，并安排专人负责检查，发现问题及时整改。这一系列基础设施的建设和规章制度的完善，极大地改善了门地 22 村的村容村貌。由浙江省出资建筑了连接青藏公路的 1.5 公里长的村级公路。此外，门地 22 村还修建了文化室，安装了卫星电视接受设备，很多家庭购买了电视机。这不仅丰富了村民的文化生活，而且大大提高了村民的政策观念和科技意识。同时，也为群众打开了一扇联系外界的门。如今，走进门地 22 村，家家窗明几净，屋内陈设整齐，一尘不染，色彩绚丽的墙画、雕刻精致的家具，散发着浓郁的民族风情。现在除了传统的藏式家具外，款式新颖的沙发、冰箱等现代家具开始进入了门地 22 村群众的生活，电话、电视机、摩托车、汽车、中高档时髦服饰等也成为该村群众的日常消费品。门地 22 村群众的物质生活水平大大提高，他们的思想也在发生着深刻的变化。他们不仅治愚，讲究科学，反对迷信，成立合作医疗站，增强自己应急处理各种突发事件的能力；还注重发展村公共事务和公益事业，修建文化室，增加文化室里的藏书，为村民学习各种知识创造条件；还成立赛马队、歌舞队，以丰富群众的文化生活，提高村民的综合素质。村委会还十分注重下一代的教育问题，村民自己出资，成立了一个联合小学和一个成人学习班，因此，在"两基"攻坚活动中，适龄儿童"普六"率达 100%，全村 55 岁以

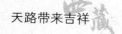

下的村民无一个文盲。目前，门地 22 村若一家有人生病，大家都会去帮忙，若是主要的劳动力病了，村民会自动分工，有的照顾病人，有的照顾家中的生产，有的则帮助带孩子；一家修新房子，大家都会出劳力帮忙；五保户逢年过节，都会有党、团员帮助洗衣服、洗头，打扫室内卫生，各家则送去燃料、酥油、米面等。在村委会的努力下，村民关系和谐，互帮互助，呈现了新时期团结进步的新气象。

昔日的门地 22 村人，凭着对社会主义的坚定信念和苦干加实干的拼搏精神，在物质文明、精神文明建设方面创造了一个又一个辉煌。在工作实践中，铸造出一个好班子，锻炼出一支好队伍，找到了一条好路子，养成了一种好作风，形成了一套好制度。如今的门地 22 村人，正以西部大开发和青藏铁路建设为契机，掀起新一轮经济大发展、文明大进步浪潮，举全村之力，致力于经济建设、法制建设的上水平、上台阶，力创全国民主法治示范村。

后　记

　　本书是中国社会科学院中国边疆史地研究中心"当代中国边疆·民族地区典型百村调查"（简称"百村调查"）重大课题西藏社会科学院倪邦贵研究员承担的子课题，西藏民族学院狄方耀教授负责本课题。

　　自从 2007 年 7 月做进藏调研前的准备工作开始，到 2007 年 12 月初稿的完成，始终是在西藏社会科学院倪邦贵研究员和西藏民族学院狄方耀教授的支持、关怀和指导下进行的，他们曾多次对调研中存在的问题给予指导，并对下一步的调研工作给予合理的建议。在报告初稿完成后，狄方耀教授进行了认真的修改，并提出了不少宝贵的指导意见，没有他们的指导和关心，这项课题不可能如此顺利地完成。

　　课题组在调研和撰写过程中的具体分工如下。

　　倪邦贵：担任西藏片项目总负责人，全面主持课题项目，参与问卷设计，负责全报告的统稿、定稿。

　　狄方耀：担任本项目具体负责人，对学生进行调研前的培训，负责总报告和专题报告的修改和定稿。

　　杨本锋：担任本调研组组长，主要撰写第一章、第四章、第七章，并对以发展牧民合作经济组织为依托、推进门地 22 村牧业产业化进程进行了专题分析。

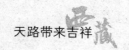

　　王雪锋：负责调研时照相、录像，主要撰写第二章和第五章。

　　唐文武：负责财务管理，主要撰写第三章和第六章，并对门地 22 村草原畜牧业经济的可持续发展进行了专题分析。

　　另外，西藏民族学院 2005 级中国少数民族经济专业硕士研究生闫红瑛同学和任凯同学分别对附录之一专题报告三和专题报告四进行了分析。

　　最后，我们要衷心地感谢中国社会科学院中国边疆史地研究中心李方研究员和孙宏年博士，他们对本调研报告进行周密细致的审稿工作；感谢社会科学文献出版社给予的鼎力支持，在此一并表示诚挚的谢意！

　　由于参加撰写的人员都是在读硕士研究生，知识水平有限，报告中不当之处在所难免，我们以诚恳的态度，敬请有关专家批评指正。

西藏那曲镇门地 22 村调研组

2009 年 7 月 14 日